New

新

轻松学

韩语

가나다 코리언

● GANADA 韩国语学院教材研究会　编著

2 初级

U0362551

北京大学出版社
PEKING UNIVERSITY PRESS

著作权合同登记号 图字：01-2012-8763

图书在版编目（CIP）数据

新轻松学韩语初级 2/GANADA 韩国语学院教材研究会编著 . —北京：北京大学出版社，2013.9

ISBN 978-7-301-23111-1

Ⅰ . ①新⋯ Ⅱ . ① G⋯ Ⅲ . ① 朝鲜语—自学参考资料 Ⅳ . ① H55

中国版本图书馆 CIP 数据核字（2013）第 203447 号

书　　　　名：新轻松学韩语 初级 2

著作责任者：GANADA 韩国语学院教材研究会　编著

责 任 编 辑：崔　虎

标 准 书 号：ISBN 978-7-301-23111-1/H • 3381

出 版 发 行：北京大学出版社

地　　　　址：北京市海淀区成府路 205 号　100871

网　　　　址：http://www.pup.cn　　新浪官方微博：@ 北京大学出版社

电　　　　话：邮购部 62752015　发行部 62750672　编辑部 62753027　出版部 62754962

电 子 信 箱：zpup@pup.pku.edu.cn

印　　刷　　者：河北博文科技印务有限公司

经　销　　者：新华书店

　　　　　　　889 毫米 ×1194 毫米　大 16 开本　17.25 印张　270 千字

　　　　　　　2013 年 9 月第 1 版　2025 年 6 月第 9 次印刷

定　　　　价：42.00 元（附 MP3 盘 1 张）

前言

　　韩国知名的韩语培训机构GANADA韩国语学院自1991年成立以来，一直致力于韩语教学研究和教材的开发。GANADA韩国语学院不仅拥有经验丰富的教材研究团队，而且编著的教材在中国、韩国、日本、美国等多个国家深受欢迎。二十多年的教材研究，使这家培训机构逐渐开发出既科学又独特的教材编排方式。

　　《新轻松学韩语》是以提高韩语交际能力为主要目标的综合性教材，预计出版1至6级，共6套教材。按照难易度及使用频率，分阶段配置词汇和语法点，考虑到初学者的实际情况，使用图画和照片以提高学习效率。课文内容以外国人在韩国的日常生活情景为素材加以编排，可使学习者轻松融入韩国社会，自然而然地掌握韩语。为提高听力能力，本套教材还配有专业人士录制的光盘，同时还出版与本套教材配套使用的练习册。练习册题型灵活多样，插图也很丰富。除每课配有相应的练习外，每五课设置单元练习，学习者可以通过练习能进一步掌握学过的语法及词汇。

　　GANADA韩国语学院教材研究会以丰富的教学经验为基础，编写了本套教材。相信可以为韩语学习者提供切实的帮助，成为学习者的良师益友，同时成为韩语教育者的良好指南手册。我们向您承诺，今后会继续致力于韩语教育的研究，不断推出适合学习者要求的新教材。

　　最后谨向为本书的出版给予大力支持的LanguagePLUS社长及相关人士表示深深的谢意。

GANADA韩国语学院教材研究会

凡例

本书以零基础韩语学习者为对象，配合GANADA韩国语学院的教学日程编排而成。使学习者能够均衡地学习口语·听力·阅读·写作各领域，以达到熟悉韩国人的日常生活和文化为基本目标。

 대화

首先在"对话"部分，一边跟读一边练习正确的发音，同时掌握新单词和新的修辞方式。对话内容和单词部分提供了译文。

 문법

"语法"部分，解释说明了对话中出现的语法和其使用方法，并举例说明。

 유형연습

"句型练习"部分，进行看图练习熟悉常用基本句型且在"句型练习"中学会翻译必要的新单词。

 듣기

"听力"部分，听取并理解课文中的句型和单词。虽然是初级，但提供的内容与实际生活非常接近。

 읽기

"阅读"部分，提供阅读理解与课文主题相关的故事或对话等，同时配有对新单词的解释，且附录中的原文翻译也会对文章理解有所帮助。

 활동

"练一练"部分，通过多种方法进行口语练习，提高学习效果。

 확장단어

"扩展词汇"部分，将出现与课文内容相关的单词。

 한국문화엿보기

"了解韩国文化"部分，介绍多种有助于外国人了解和掌握的韩国生活文化。

 부록

"附录"中有听力、阅读答案以及听力录音文本和阅读翻译。另外，还有单词和语法索引，可做学习参考之用。

 MP3

MP3光盘刻录了"对话"和"练习"，反复听取"听力原文"有助于改善韩语的发音、语调及提高听力能力。

出场人物

제니 브라운
珍妮 布朗

美国人
公司职员
30岁

야마다 토시오
山田 敏夫

日本人
가나다 韩国语学院的
学生。
23岁

김민지
金敏智

韩国人
大学生
21岁

리밍
李明

中国人
研究生
27岁

윤상우
尹相佑

韩国人
公司职员
(珍妮的公司同事)
31岁

스즈키 히로미
铃木 宏美

日本人
가나다 韩国语学院的
学生。
27岁

이리나 이바노브나
伊利娜 伊凡诺芙娜

俄罗斯人
工程师
(目前就职于韩国企业)
25岁

앙리 고티에
亨利 高提耶

法国人
银行职员
35岁

目录

	주제	기능	문법	듣기	읽기	활동	기타
1과	교실에서	·동시 동작 말하기 ·의도 말하기	1. -(으)면서 2. -(으)려고	단어 설명 듣기		친구를 소개하십시오	
2과	전화연락	·전화 통화하기 ·이유 말하기	1. -아/어서 2. 'ㅂ'불규칙 　형용사	이유의 대화 듣기	전화번호를 알고 싶습니까?		(문화) 지역번호
3과	약속/제안	·약속·제안하기 ·비교해서 말하기	1. -(이)든지 2. -보다	비교 문장 듣기		시티투어 버스를 타는 게 어때요?	
4과	찻집	·관형형으로 말하기 ·선택·결정하기	1. -(으)ㄴ 2. -(으)로 3. 어떤	관형형 대화 듣기	한국의 전통 차		(단어) 차 (문화) 한국인의 　나이
5과	음식	·관형형으로 말하기 ·이유 말하기	1. -(으)니까 2. -는	관형형 이야기 듣기		어떤 사람 입니까?	(단어) 채소
6과	전화주문	·전화로 음식 주문하기 ·관형형으로 말하기	1. -(으)ㄴ 2. -(으)ㄹ	광고지 보면서 듣기	오늘은 뭘 먹을까?		(단어) 여자· 　남자 (문화) 배달문화
7과	옷	·착의동사 표현하기	1. -고 있다 2. 'ㅎ'불규칙 　형용사 3. -요	옷차림 설명 듣기 색깔 단어 듣기		말해 보세요	(단어) 착의동사
8과	위치	·경험·시도 말하기 ·길 찾기	1. -아/어 보다 2. -아/어서	위치 설명 듣기	이태원		(단어) 색깔
9과	경험	·경험 말하기 ·한정하여 말하기	1. -(으)ㄴ 일이 　있다/없다 2. -밖에	경험 대화 듣기		혼자 여행한 적이 있어요?	(단어) 반대 　형용사 (문화) 한국의 　결혼식
10과	물건소개	·물건 소개하기 ·최상급으로 말하기	1. -(으)ㄴ데	물건·장소 설명 듣기	아끼는 물건이 있어요?		(문화) 교통카드
11과	친구소개	·친구 소개하기 ·수량 묻기	1. -(이)나	친구 소개 하숙집 소개 대화 듣기		제일 일찍 일어나는 사람은 누구입니까?	(문화) 주민등록증
12과	계절	·봄 관련 대화 나누기 ·제안하기 ·감탄, 깨달은 것 말 하기	1. -군요	날씨 관련 대화 듣기	봄·여름· 가을·겨울		(단어) 꽃 (문화) 한국의 돈
13과	계절	·여름 관련 대화 나 누기 ·보고 느낀 것 말하기 ·제안하기	1. -네요 2. -(이)나	일기예보 듣기		제가 만든 김밥인데 드셔 보시겠어요?	(단어) 날씨 (문화) 냉면
14과	계절	·가을 관련 대화 나누기 ·사실 확인하기 ·추측해 말하기	1. -지요? 2. -겠네요	이어지는 응답 고르기	이렇게 비가 오는 날에는		
15과	계절	·겨울 관련 대화 나누기 ·시점 말하기 ·의지 묻고 답하기	1. -(으)ㄹ 때 2. -(으)ㄹ 것이다	여행 대화 듣기		심심할 때 뭘 하세요?	(단어) 맛 (문화) 김장

	주제	기능	문법	듣기	읽기	활동	기타
16과	한국어경력	·한국어 학습 경력 묻고 대답하기 ·기간 말하기	1. -(으)로 2. -는 동안	대화 듣기	한국말을 잘하고 싶은데		(단어) 휴대전화
17과	부탁	·부탁하기 ·부탁 들어주기	1. -아/어 주다 2. -(으)ㄴ데요	문제 해결 대화 듣기		안내해 드릴까요?	
18과	은행	·통장과 카드 만들기 ·의무 말하기	1. -아/어야 하다	다이어리·병원 안내 보면서 질문 듣기	환전		
19과	우체국	·소포 부치기 ·수량에 대해 되묻기	1. -(이)라서 2. -(이)나	꽃 배달·표 예약 전화 대화 듣기		같이 편지를 써 봅시다	(단어) 외래어 (문화) 서울
20과	여행사	·여행상품 묻기 ·추측해 말하기 ·상태 변화 말하기	1. -(으)ㄹ 것 같다 2. -아/어지다	대화 듣고 추측하기	놀이동산에 다녀왔어요		
21과	옷가게	·옷가게에서 옷 사기 ·짐작해 묻기 ·깨달은 것 말하기	1. -(으)ㄹ까요? 2. -(으)니까 3. - 같다	옷 가게 대화 듣기		얼마짜리 입니까?	(단어) 옷
22과	서점	·책 사기 ·추측해 말하기	1. -(으)ㄹ 것이다 2. -게	서점 관련 이야기 듣기	금주의 베스트셀러		
23과	미용실	·머리 모양 바꾸기 ·추측해 말하기	1. '르'불규칙동사·형용사 2. -(으)ㄴ 것 같다	대화 듣고 추측하기		미용실에서	(단어) 미용실 (문화) 미용실과 이발소
24과	사과	·사과하기 ·형용사를 동사로 바꿔 표현하기	1. -아/어하다 2. -(으)ㄹ 테니까	대화 듣기	이메일		(발음) 'ㅎ'·'ㄹ' 발음 (문화) 한국인이 좋아하는 술
25과	축하	·축하하기 ·계획 말하기	1. -는 중	축하 관련 대화 듣기		어떻게 인사합니까?	(단어) 인사말 (문화) 한국의 학교
26과	허락·금지	·방법이나 능력 묻기 ·허락 구하기	1. -(으)ㄹ 줄 알다/ 모르다 2. -아/어도 되다 3. -(으)면 안 되다	허락 관련 대화 듣기	같이 버리면 안 되지요?		(단어) 동음이의어 (문화) 쓰레기 봉투
27과	걱정	·걱정거리 의논하기 ·희망 사항 말하기	1. -아/어도 2. -았/었으면 좋겠다	걱정·희망 관련 대화 듣기		이상형을 찾아봅시다!	
28과	헤어짐	·귀국 인사 주고받기 ·기간 경과 말하기	1. -(으)ㄴ 지 2. -아/어 가다/오다	파티 준비 이야기 듣기	다음 주에 미국으로 돌아갑니다		
29과	콘서트	·횟수 말하기 ·상황 이유 설명하기	1. -째 2. -거든요 3. - 만에	상황·이유 설명 대화 듣기		싸게 팝니다	(단어) 전자제품
30과	방문	·초대 방문 인사하기 ·재료 말하기	1. -(으)로 2. -는 데	한국 집 방문 경험 대화 듣기	김치케이크		(단어) 집 (문화) 온돌

课文

- 课文
- 语法
- 模仿练习
- 听力
- 阅读
- 练一练
- 了解韩国文化

제1과 그동안 어떻게 지내셨어요?
这段时间怎么过的？

 01-01

히로미 : 앙리 씨, 오랜만입니다. 그동안 어떻게 지내셨어요?

앙 리 : 여기저기 구경하면서 여행을 했어요.

히로미 : 자주 여행을 가세요?

앙 리 : 시간이 있으면 가끔 가요. 히로미 씨는 뭘 하면서

지냈어요?

히로미 : 아르바이트도 하고 한국어 능력 시험을 보려고 준비도

했어요.

앙 리 : 시험이 언제 있어요?

○ 01-02

◎ 단어 生词

- 오랜만 好久不见
- 그동안 这段时间
- 지내다 过
- 한국어 능력 시험 韩国语能力考试
- 준비 准备

宏美 : 亨利，好久不见。这段时间怎么过的？

亨利 : 到处旅游去了。

宏美 : 常去旅游吗？

亨利 : 偶尔去。宏美你最近都做什么了？

宏美 : 打工，还准备了考韩国语能力考试。

亨利 : 什么时候考试？

문법

语法

1 -(으)면서

↳ 两个动作同时发生时与动词词干结合使用。前后文章的主语必须一致。动词词干后无收音或有收音 '르' 时与 '-면서' 结合，有其他收音时则与 '-으면서' 结合。相当于汉语的 "一边……一边……"。

보기 例   친구들과 차를 마시면서 이야기합니다. 跟朋友们喝茶聊天。

밥을 먹으면서 텔레비전을 봤어요. 一边吃饭一边看了电视。

김밥을 만들면서 먹었어요. 一边做紫菜包饭一边吃。

2 -(으)려고

↳ 接动词词干后，表示话者的意图。不用在有 '-(으)십시오', '-(으)ㅂ시다', '-(으)ㄹ까요?' 的文章里。动词词干后无收音或有收音 '르' 时与 '-려고' 结合，有其他收音时则与 '-으려고' 结合。相当于汉语的 "为了……"。

보기 例   이번 휴가에 여행을 가려고 비행기 표를 예약했습니다. 这个假期为了去旅游订了飞机票。

주말에 읽으려고 도서관에서 책을 빌렸어요. 为了周末看书在图书馆借了书。

불고기를 만들려고 소고기를 샀습니다. 为了做烤肉买了牛肉。

1

보기

맥주

맥주를 마시면서 텔레비전을 봅니다.

(1)

(2)

(3)

(4)

(5)

2

보기

청소를 하다 / 창문을 열었습니다.

청소를 하려고 창문을 열었습니다.

(1) 친구한테 주다 / 선물을 샀습니다.

(2) 한국에서 대학원에 가다 / 준비하고 있어요.

(3) 오늘은 일찍 출근하다 / 일찍 일어났습니다.

(4) 학교에서 먹다 / 집에서 빵을 가지고 왔어요.

(5) 비행기에서 읽다 / 공항에서 책을 샀어요.

3

한국 친구와 이야기하다

가 : 왜 한국말을 공부하세요?
나 : 한국 친구와 이야기하려고 한국말을 공부합니다.

(1) 친구 결혼식에 가다

오늘은 왜 양복을
입으셨어요?

(2) 비행기 표를 예약하다

왜 여행사에
전화하셨어요?

(3) 요리사가 되다

요즘 왜 요리를 배우고
있어요?

(4) 같이 사진을 찍다

왜 카메라를 가지고
왔어요?

(5) 교과서 시디를 듣다

왜 시디플레이어를
사셨어요?

단어 生词　　□ 청소 打扫　□ 대학원 研究生院　□ 일찍 早　□ 출근 上班　□ 가지고 오다 带来
　　　　　　　□ 양복 西服，西装　□ 예약하다 预定　□ 되다 成为　□ 시디플레이어 碟片播放器

1 듣고 맞는 것을 고르십시오. 🔘 01-07
   听后选出正确选项。

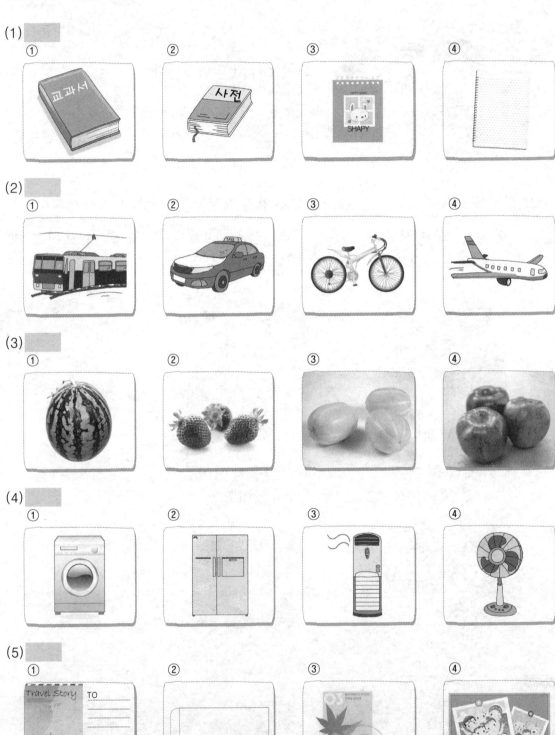

(1) ① ② ③ ④

(2) ① ② ③ ④

(3) ① ② ③ ④

(4) ① ② ③ ④

(5) ① ② ③ ④

친구를 소개하십시오

두 사람이 짝을 지어 상대방에게 아래의 질문을 하고 대답을 쓴 후에 발표해 봅시다.

两人一组，一人按下列问题提问，另一人回答。

질문	대답
1. 이름이 무엇입니까?	
2. 어느 나라에서 오셨습니까?	
3. 어디에서 한국말을 공부하셨습니까?	
4. 언제부터 한국말을 공부하셨습니까?	
5. 왜 한국말을 공부하십니까?	
6. 지금 어디에서 사십니까?	
7. 직업이 무엇입니까? 그 일을 좋아하십니까?	
8. 취미는 무엇입니까?	
9. 무슨 운동 /음식을 좋아합니까?	
10. 언제까지 한국말을 공부하려고 합니까?	

제2과 몸이 아파서 학원에 가지 못합니다
因为身体不舒服，所以去不了学院

🔘 02-01

야마다: 여보세요, 이지영 선생님이세요?

이지영: 네, 그런데요. 실례지만, 누구세요?

야마다: 선생님, 저는 야마다입니다. 죄송합니다만 몸이 아파서
학원에 가지 못합니다.

이지영: 어디가 아프세요?

야마다: 감기에 걸렸어요. 날씨가 추워서 오늘은 집에서 쉬고
내일 학원에 가겠습니다.

이지영: 알겠습니다. 그럼 잘 쉬고 내일 오세요.

02-02

◎ **단어 生词**

□ 그런데요 **是的**   □ 실례지만 **不好意思**   □ 죄송하다 **对不起**

□ 몸 **身体**   □ 감기에 걸리다 **得感冒**   □ 알겠습니다 **知道了**

山田 ： 喂，李智英老师吗?

李智英 ： 是，是的。不好意思，您是哪一位?

山田 ： 老师，我是山田。对不起，因为身体不舒服，所以去不了学院。

李智英 ： 哪儿不舒服?

山田 ： 得了感冒。因为天气冷，所以打算今天在家休息明天去学院。

李智英 ： 知道了。那就好好休息明天来吧。

语法

1 -아/어서

↪ 用于谓词词干后表示后接动作或状况发生的理由或原因。不能用在有 '-(으)십시오', '-(으)ㅂ시다', '-(으)ㄹ까요?' 的句子之中。不与表示时态的 '았', '겠' 结合使用。词干以元音 'ㅏ' 或 'ㅗ' 收尾时，与 '-아서' 结合；以其它元音收尾时，与 '-어서' 结合，'-하다' 则变成 '-해서'。

보기 例   이번 주말에 여행을 가서 만날 수 없습니다. 这个周末要去旅行，所以见不了面。

늦어서 죄송합니다. 抱歉，来晚了。

어제는 피곤해서 일찍 잤어요. 昨天太累，很早就睡了。

2 'ㅂ' 불규칙형용사

↪ 词干的收音 'ㅂ' 与元音相接时变为 '우'。谓词 '돕다', '곱다' 的收音 'ㅂ' 与元音 '아' 相接时变为 '와'。

* '입다, 잡다, 좁다,' 等动词则是按常用规则处理。

기본형 基本形	-아/어요	-았/었습니다	-아/어서	-(으)면	-지만
어렵다	어려워요	어려웠습니다	어려워서	어려우면	어렵지만
맵다	매워요	매웠습니다	매워서	매우면	맵지만
가깝다	가까워요	가까웠습니다	가까워서	가까우면	가깝지만
돕다	도와요	도왔습니다	도와서	도우면	돕지만
*입다	입어요	입었습니다	입어서	입으면	입지만

보기 例   **더우면** 에어컨을 켜세요.   热了就开空调吧.

이 가방이 **무거워서** 혼자 들 수 없습니다.   这个包太重不能一个人拎。

바쁘지 않으면 좀 **도와**주시겠어요?   不忙的话，能帮我一下吗?

 句型练习

1

02-03

보기

맛있지만 조금 맵다

가 : 이 김치찌개가 어때요?
나 : 맛있지만 조금 매워요.

(1) 네, 하지만 발음이 어렵다   (2) 아니요, 아주 가깝다   (3) 좀 쉽다

중국어가 재미있어요?   집에서 학원이 멀어요?   어제 시험이 어땠어요?

(4) 아니요, 가볍다

가방이 무겁습니까?

(5) 너무 무섭다

그 영화가 어땠어요?

2

보기

배가 아프다 / 아침을 먹지 않았습니다.

배가 아파서 아침을 먹지 않았습니다.

(1) 늦다 / 죄송합니다.

(2) 약속이 있다 / 먼저 갑니다.

(3) 값이 비싸다 / 사지 않았어요.

(4) 어젯밤에는 너무 더웠다 / 잠을 못 잤습니다.

(5) 공부를 하지 않았다 / 잘 모르겠어요.

3

02-05

보기

음식이 맛있다

가 : 왜 그 식당에 자주 가세요?
나 : 음식이 맛있어서 자주 갑니다.

(1) 품질이 좋다

왜 이 회사 냉장고를
사셨어요?

(2) 바쁘다

왜 요즘 운동을
안 하세요?

(3) 늦게 일어났다

왜 회사에 늦게 갔어요?

(4) 네, 어제 시험이 끝났다

오늘은 한가하세요?

(5) 어렵다 / 이해할 수 없어요.

그 책을 왜 읽지
않으세요?

02-06

단어 生词   □ 하지만 **但是**   □ 가볍다 **轻**   □ 무겁다 **重**   □ 품질 **品质**
□ 한가하다 **悠闲**   □ 이해하다 **理解**

1 듣고 빈칸에 쓰십시오. 🔘 02-07
  听后填空。

  가 : 점심을 먹고 (　　　　　　　　　) 해요?

  나 : (　　　　　　　　　) 쇼핑을 가려고 해요.

  가 : 쇼핑하고 저녁에 (　　　　　　　　) 있어요?

  나 : 미안하지만 오늘 저녁에는 집에 (　　　　　　) 좀 (　　　　　　　　).

  　　 내일은 어떻습니까?

2 듣고 대답하십시오. 🔘 02-08
  听后回答。

  (1) 왜 가방을 혼자 들 수 없습니까?

  (2) 왜 한국 텔레비전을 보지 않아요?

  (3) 왜 걸어서 옵니까?

  (4) 떡볶이를 왜 잘 못 먹습니까?

  MEMO

전화번호를 알고 싶습니까?

여러분은 전화번호를 모르면 어떻게 합니까? 한국에서는 전화번호를 알고 싶으면 114에 전화합니다. 저는 가나다한국어학원 전화번호를 물어보려고 114에 전화했습니다.

가 : 사랑합니다, 고객님.

나 : 가나다한국어학원 전화번호 좀 부탁합니다.

가 : 네, 안내해 드리겠습니다. 문의하신 번호는 02-332-6003(공이에 삼삼이에 육공공삼)번입니다. 공이에 삼백삼십 이 국에 육천삼 번입니다.

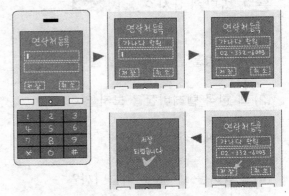

저는 숫자 듣기가 어려워서 좀 긴장했지만 전화번호를 메모하고 학원에 전화했습니다. 수업 상담을 한 후에 휴대폰에 번호를 저장했습니다. 서울 지역 번호 '02'도 함께 저장했습니다.

1   한국에서 전화번호를 알고 싶으면 몇 번에 전화합니까?

2   이 사람은 왜 긴장했습니까?

3   이 사람은 휴대폰에 학원 전화번호와 함께 어떤 번호를 저장했습니까?

단어 生词   02-09

☐ 물어보다 **问**	☐ 고객님 **顾客**	☐ 부탁하다 **拜托**
☐ 안내하다 **查(号)**	☐ 문의하다 **询问**	☐ 긴장하다 **紧张**
☐ 상담 **商谈**	☐ 저장하다 **存**	☐ 지역 번호 **区号**

区号

在韩国国内拨打跨区域电话时，应该先拨所在区域的区号。首尔特别市和6个直辖市，九个道的区号如图片所示。拨打手机时则不需拨区号。

다 같이 식사 한번 할까요?
大家一起吃顿饭怎么样？

03-01

리　밍: 우리 반 사람들과 다 같이 식사 한번 할까요?

이리나: 네, 좋아요. 저도 그러고 싶었어요.

리　밍: 이리나 씨는 점심이 좋으세요, 저녁이 좋으세요?

이리나: 저는 언제든지 괜찮아요.

리　밍: 그럼 저녁을 먹는 게 어때요? 술도 한잔하고…….

이리나: 저도 오후에 회사에 가기 때문에 점심보다 저녁이 더
　　　　좋아요. 이따가 선생님한테도 물어보고 정합시다.

03-02

◎ 단어 生词

□ 한번 一次　　　□ 한잔하다 喝一杯　　　이따가 过一会儿
□ 더 更　　　　　□ 물어보다 问　　　　　정하다 决定

李明　　： 跟我们班同学们一起吃顿饭怎么样？

伊利娜： 好啊，我也一直想那样做。

李明　　： 伊利娜，你想一起吃午饭还是晚饭？

伊利娜： 我什么时候都可以。

李明　　： 那么吃晚饭怎么样？还能喝杯酒。

伊利娜： 下午因为要去公司，对我来说晚饭要比午饭好。过一会儿问问老师再决定吧。

语法

1 -(이)든지

↪ 与"何时，哪儿，谁"等疑问词或"疑问词+名词"一起使用，表示任何情况下都是一样的。与此助词相连的词最后音节无收音时用'–든지'，有收音时则用'–이든지'。

보기 例　　어디든지 사람이 많습니다.　不管哪里都有很多人。

조금만 연습하면 누구든지 할 수 있습니다.　稍加练习谁都能做。

그 사람은 무슨 일이든지 다 잘해요.　那个人什么都很会做。

2 -보다

↪ 助词，表示比较。常与副词'더'连用。

보기 例　　택시가 버스보다 빠릅니다.　出租车比公共汽车快。

저는 겨울보다 여름을 더 좋아해요.　比起冬天我更喜欢夏天。

제 친구가 저보다 한국말을 더 잘해요.　我朋友的韩语说得比我好。

1

보기

> 뭐 / 괜찮아요.
>
> 가 : 맥주를 마시겠어요, 소주를 마시겠어요?
> 나 : 뭐든지 괜찮아요.

(1) 어디 / 괜찮아요.

어디에서 만날까요?

(2) 뭐 / 잘 먹어요.

한국 음식은 뭘 잘 먹어요?

(3) 누구 / 괜찮아요.

누구하고 같이 이 일을 하고
싶으세요?

(4) 언제 / 좋아요.

회의를 오전에 할까요, 오후에
할까요?

(5) 무슨 운동 / 다 좋아해요.

그 사람은 무슨 운동을 좋아해요?

2

보기

> 중국집에서 하다
>
> 가 : 생일잔치를 어디에서 할까요?
> 나 : 중국집에서 하는 게 어때요?

(1) 아침 일찍 출발하다

내일 10시쯤 출발할까요?

(2) 영화를 보고 밥을 먹다

밥을 먹고 영화를 볼까요?

(3) 선생님한테 물어보다

이 문제를 잘 모르겠어요.

(4) 내일 하루는 좀 쉬시다

지난주에는 일이 너무 많았어요.

(5) 약을 드시다

어제부터 머리가 계속 아파요.

3

 보기

산 / 바다가 좋아요.

산보다 바다가 더 좋아요.

(1) 평일 / 주말에 사람이 많아요.

(2) 편지 / 이메일이 편해요.

(3) 저 / 제 남편이 요리를 잘해요.

(4) 지하철역 / 버스정류장이 가까워요.

(5) 일반전화 / 휴대폰 전화 요금이 비싸요.

4

03-06

보기

가 : 버스를 자주 타세요, 지하철을 자주 타세요?
나 : 버스보다 지하철을 더 자주 타요.

(1) 서울에서 어디가 더 멀어요?　(2) 누가 더 키가 커요?　(3) 어느 것이 더 두꺼워요?

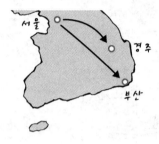 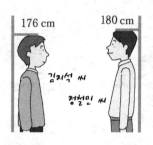 

(4) 야구를 좋아하세요, 축구를 좋아하세요?　(5) 누가 더 일찍 일어났어요?

03-07

| 단어 生词 | □ 소주 **烧酒** □ 생일잔치 **生日宴会** □ 계속 **继续** □ 편하다 **方便** |
| | □ 버스정류장 **公交车站, 巴士站** □ 일반 전화 **座机, 固定电话** □ 요금 **话费** □ 두껍다 **厚** |

1 듣고 대답하십시오. 🔘 03-08
听后回答。

(1) 주영 씨는 인터넷 쇼핑몰에서 무엇을 사려고 합니까?

(2) 인터넷 쇼핑은 무엇이 좋습니까?

(3) 주영 씨는 인터넷으로 화장품만 삽니까?

2 듣고 그림과 맞으면 O, 틀리면 X 하십시오. 🔘 03-09
听后与图片相符用 O，不符则用 X 表示。

(1)

(2)

메뉴			
설렁탕	7,000	물냉면	5,000
불고기	7,000	비빔냉면	6,000
비빔밥	5,000		

(3)

(4)

(5)

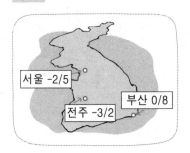

서울 -2/5
부산 0/8
전주 -3/2

시티투어 버스를 타는 게 어때요?

준비물 : 상황 카드 / 제안 카드

방　법 : 상황 카드와 제안 카드를 학생들에게 한 장씩 나눠줍니다. 한 사람이 상황 카드의 내용을 말하면 거기에 맞는 제안 카드를 가지고 있는 사람이 '-는 게 어때요?'로 대답합니다. 대답하는 사람은 자신의 생각을 말해도 됩니다.

准备物 : 状况卡/提案卡

方法　 : 给每个学生发一张描写状况的卡片和提案的卡片。如一个人说出描述状况卡片上的内容，分得相应提案卡片的人须使用 '-는 게 어때요?' 句型作答。作答时内容可以自由发挥。

보기

> 가 : 한국에 처음 왔어요. 서울 시내를 구경하고 싶어요.
>
> 나 : 시티투어버스를 타는 게 어때요?

보기

한국에 처음 왔어요. 서울 시내를 구경하고 싶어요.	등산을 좋아해요. 서울 근처의 산으로 등산가고 싶어요.	하루 종일 일만 해서 스트레스가 많아요. 스트레스를 풀고 싶어요.

제 하숙집은 대학교 근처에 있어요. 밤에 시끄러워서 잘 수가 없어요.

저는 쇼핑을 좋아해요. 액세서리나 가방, 구두, 옷을 사러 가고 싶어요.

저는 한국 음식에 관심이 있어요. 요리를 배우고 싶어요.

저는 자전거를 잘 탑니다. 시간이 있으면 자전거나 인라인 스케이트를 타고 싶어요.

요즘 살이 많이 쪘어요. 하숙집 밥이 맛있어서 많이 먹어요.

한국말을 공부하고 있어요. 빨리 한국말을 잘 하고 싶어요.

보기

시티 투어버스를 타다

하숙집을 옮기다

북한산에 가다

한국 친구를 사귀다

스포츠센터에 다니다

이대 앞에서 쇼핑을 하다

요리학원에 다니다

여의도 공원에 가다

취미생활을 하다

제4과 무슨 차를 드시겠어요?
想喝什么茶?

04-01

히로미 : 무슨 차를 드시겠어요?

앙 리 : 저는 녹차를 마시고 싶어요. 시원한 녹차가 있어요?

히로미 : (메뉴를 보며) 어디 봅시다. 네, 있어요.

그리고 다른 것도 많이 있어요.

앙 리 : 히로미 씨는 뭐로 하시겠어요?

히로미 : 저는 유자차로 하겠어요.

여기요, 시원한 녹차 한 잔하고 유자차 한 잔 주세요.

앙 리 : 유자차는 어떤 차예요?

04-02

◎ 단어　生词

　　□ 녹차　绿茶　　　□ 시원하다　冰凉　　　□ 어디 봅시다　让我看一下
　　□ 유자차　柚子茶　　□ 여기요　劳驾

宏美 ： 想喝什么茶？

亨利 ： 我想喝绿茶。有冰绿茶吗？

宏美 ： (看看菜单)让我看一下。恩，有。还有很多别的。

亨利 ： 宏美你要点什么？

宏美 ： 我要柚子茶。劳驾，一杯冰绿茶和柚子茶。

亨利 ： 柚子茶是什么茶？

문법

 语法

1 -(으)ㄴ

↬ 形容词修饰后接名词时使用。词干后无收音时用'-ㄴ'，有收音时用'-은'。但'-있다'，'-없다'只接'-는'(参考5课语法2)。

보기 例　저는 친절한 사람이 좋습니다. 我喜欢亲切的人。

　　　　그 가게에 싸고 좋은 물건이 많이 있습니다. 那家店有很多又便宜又好的货。

　　　　재미있는 영화를 보고 싶어요. 想看好看的电影。

2 -(으)로

↬ 表示选择的助词。常用以'-(으)로 하다'的形态。名词最后字中有收音时与'-(으)로'，无收音或有收音'-ㄹ'时则与'-로'相结合。

보기 例　술은 무엇으로 하시겠어요? 要喝什么酒？

　　　　맥주로 하겠습니다. 我要啤酒。

　　　　저 쪽에 있는 것으로 주세요. 请给我那边的。

3 어떤

➥ 询问随后相接的名词的性质、状态等时使用。相当于汉语的"什么样的……"。

보기 **例**   가 : **어떤** 날씨가 좋아요?   喜欢什么样的天气?

나 : 맑은 날씨가 좋아요.   喜欢晴天。

가 : 김영철 씨는 **어떤** 사람이에요?   金永哲是什么样的人?

나 : 재미있는 사람이에요.   他是个有趣的人。

가 : **어떤** 가방을 사고 싶어요?   想买什么款式的包?

나 : 예쁘고 크지 않은 가방을 사고 싶어요.   想买好看又不太大的包。

유형연습   句型练习

1

04-03

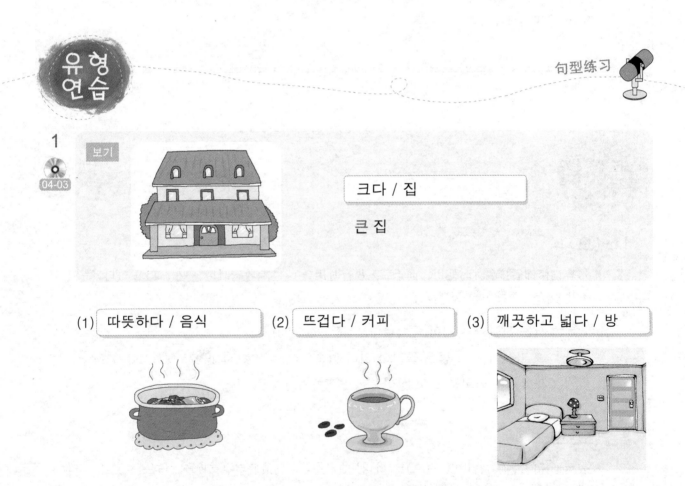

보기

크다 / 집

큰 집

(1) 따뜻하다 / 음식   (2) 뜨겁다 / 커피   (3) 깨끗하고 넓다 / 방

(4) 길다 / 머리

(5) 복잡하고 어렵다 / 책

2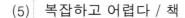

보기

싸고 예쁘다

가 : 어떤 옷을 사고 싶어요?
나 : 싸고 예쁜 옷을 사고 싶어요.

(1) 월급이 많다

어떤 회사에서 일하고 싶어요?

(2) 교통이 편하다

어떤 집을 찾고 있습니까?

(3) 맵다

어떤 음식을 좋아하세요?

(4) 조용하고 사람이 많지 않다

어떤 곳으로 휴가를 가고 싶어요?

(5) 음식이 맛있고 비싸지 않다

어떤 식당에 자주 가세요?

보기

이것

가 : 어느 것으로 하시겠습니까?
나 : 이것으로 하겠습니다.

(1) 전자 사전

어느 것으로 사려고
합니까?

(2) S석

R석으로 드릴까요,
S석으로 드릴까요?

(3) 오전

수업 시간을
오전으로 하시겠어요,
오후로 하시겠어요?

오전

(4) 큰 것

어느 것으로
하시겠어요?

(5) 전망이 좋은 방

어떤 방으로
예약하시겠습니까?

04-06

| 단어 生词 | □ 따뜻하다 暖和 □ 뜨겁다 热 □ 길다 长 □ 월급 月薪 □ 교통 交通 |
| | □ 곳 地方 □ -석 席 □ 전망 景观 |

듣기 听力

1 듣고 이어지는 대답을 고르십시오. 🔘 04-07
   听后选出正确"答复"。

   (1)
      ① 재미있지만 슬픈 영화를 봤어요.   ② '슈퍼맨'을 봤어요.

   (2)
      ① 빠른 댄스 음악을 좋아해요.   ② 이건모의 '거짓말'을 좋아해요.

   (3)
      ① 김영수 씨예요.   ② 조용하고 친절한 분이에요.

2 들은 내용과 맞는 것을 고르십시오. 🔘 04-08
   选出与所听到的内容相符的项。

   (1) 제 방은 (① 넓은, ② 좁은) 방입니다.

      그리고 (① 창문이 작은, ② 창문이 큰) 방입니다.

   (2) 제 동생은 (① 뚱뚱한, ② 날씬한) 사람입니다.

      그리고 (① 머리가 긴, ② 머리가 짧은) 사람입니다.

   MEMO

한국의 전통 차

저는 한국 전통 차를 좋아해서 자주 전통 찻집에 갑니다. 한국의 전통 차는 종류도 많고 맛도 다 다릅니다. 그리고 건강에 좋습니다. 따뜻한 유자차나 모과차, 생강차는 추운 겨울에 마시면 좋습니다. 특히 유자차와 모과차는 향이 아주 좋고 비타민C가 많은 차입니다. 그래서 감기에 걸리면 많이 마십니다. 더운 여름에는 따뜻한 차보다 시원한 녹차나 오미자차를 마십니다. 맛이 깨끗하고 정말 시원합니다. 날씨가 시원한 가을에는 국화차를 마십니다. 가을 분위기를 느낄 수 있습니다. 몸이 약한 사람은 인삼차나 대추차를 마시면 좋습니다.

전통 찻집에 가면 이런 차들을 마시면서 즐거운 시간을 보낼 수 있습니다. 여러분도 저와 같이 한국 전통 차를 마시러 갈까요?

1 맞는 것끼리 연결하십시오.

① 유자차 •　　　　　　• 가을 분위기를 느낄 수 있습니다.

② 국화차 •　　　　　　• 몸이 약한 사람에게 좋습니다.

③ 오미자차 •　　　　　• 맛이 깨끗하고 정말 시원합니다.

④ 인삼차 •　　　　　　• 향이 좋고 비타민C가 많습니다.

2 여러분은 전통 찻집에 가 본 적이 있습니까? 거기에서 무슨 차를 마셨습니까?

단어 生词　 04-09

☐ 전통 传统　　　☐ 찻집 茶馆　　　☐ 향 香
☐ 정말 真　　　　☐ 분위기 气氛　　☐ 느끼다 感受
☐ 약하다 虚弱

차 茶

유자차

모과차

생강차

녹차

오미자차

국화차

인삼차

대추차

율무차

한국 문화 엿보기 了解韩国文化

韩国人的年龄

　　韩国人出生那天就计为1岁。这是因为自怀孕那一瞬间就被看作是生命诞生开始计算年龄的。所以，如果一个出生在十二月二十九日的孩子，下一年一月一日就被计为2岁。出生才三天就已是2岁了。

　　不过，在大部分公文里则使用西方式的年龄计算方法，称"满1岁"。有些人不希望年龄看起来太大，于是会说"我的年龄是满--岁"。30岁，40岁，50岁的人通常会说"满29岁，39岁，49岁"。因为每个人都想年轻一岁。

　　如果想打听韩国人的准确年龄，就应该确认对方所说的是虚岁还是周岁。

우리가 다 좋아하는 삼겹살하고 소주로 할까요?
点大家都喜欢吃的五花肉和烧酒怎么样?

05-01

주 인 : 주문하셨어요?

상 우 : 아니요, 아직 안 했어요. 잠깐만요.

제 니 : 뭐 시킬까요? 오늘이 상우 씨 생일이니까 상우 씨
드시고 싶은 거 시키세요.

상 우 : 우리가 다 좋아하는 삼겹살하고 소주로 할까요?

제 니 : 좋아요. 몇 인분 시킬까요?

상 우 : 모두 4명이니까 고기는 4인분 시키고 술은 2병만
시킵시다. 아주머니, 여기요.

05-02

◎ 단어　生词

- 주문하다 点
- 아직 还, 尚
- 시키다 点
- 삼겹살 五花肉
- 모두 一共
- 아주머니 大嫂

老板 :	点菜了吗?
相佑 :	没有，还没点。等一下吧。
珍妮 :	要点什么呢? 今天是相佑的生日。相佑，点你想吃的吧。
相佑 :	点大家都喜欢吃的五花肉和烧酒怎么样?
珍妮 :	好啊。点几份?
相佑 :	一共是4个人，点4份五花肉和2瓶烧酒吧。大嫂，劳驾!

문법　语法

1 -(으)니까

→ 用于谓词词干后，表示原因或理由。'-(으)십시오', '-(으)ㅂ시다', '-(으)ㄹ까요'文章里不能用表示理由的'-아/어서'(参考2课语法1)，而只能用'-(으)니까'。词干后无收音时用'-니까'，有收音时用'-으니까'。

보기 例　다음 주에 출장을 **가니까** 이번 주에 만납시다.　下周要出差，这周见面吧。

시간이 **많으니까** 천천히 구경하세요.　时间还早，慢慢看吧。

지하철역이 집에서 **가까우니까** 편합니다.　地铁站离家近，所以很方便。

2 -는

→ 动词修饰后接名词时使用。表示动词正在进行的动作或一般事实。

보기 例　자주 **가는** 식당으로 갑시다.　去常去的饭店吧。

요즘 **읽는** 책이 무엇입니까?　最近读什么书?

문을 **여는** 시간은 9시입니다.　开门的时间是9点。

1

05-03

보기

> 오늘은 일이 많다 / 그건 내일 합시다.

가 : 이 일을 지금 할까요?
나 : 오늘은 일이 많으니까 그건 내일 합시다.

---

(1) 기차가 싸다 /
기차로 갑시다.

비행기로 갈까요,
기차로 갈까요?

(2) 8층에서 팔다 /
8층으로 가세요.

운동복을
몇 층에서 팔아요?

(3) 그 친구가 매운 걸 못 먹다 /
맵지 않은 걸 먹는 게 어때요?

순두부찌개를
먹을까요?

---

(4) 작년에는 산에 갔다 /
금년에는 바다에 가려고 해요.

휴가 계획을 세웠어요?

(5) 한국말을 배웠다 /
조금 이해할 수 있어요.

지하철 안내 방송을
이해할 수 있어요?

2

보기

자전거를 타다 / 사람

자전거를 타는 사람

(1) 모르다 / 단어   (2) 홍대 근처에 있다 / 카페

(3) 수업이 없다 / 날   (4) 고기를 먹지 않다 / 사람

(5) 지금 살다 / 동네

3

보기

자동차 회사에 다니다 / 친구

가 : 어제 누구를 만났어요?
나 : 자동차 회사에 다니는 친구를 만났어요.

(1) 뭐든지 열심히 하다 / 사람

스티브 씨는 어떤 사람이에요?

(2) 모르다 / 문법이 많아서요.

왜 숙제를 하지 않았어요?

(3) 지하철역 근처에 있다 / 하숙집으로 하겠어요.

어느 하숙집으로 결정하시겠어요?

(4) 아이들이 좋아하다 / 피자나 치킨이 어때요?

생일에는 어떤 음식을 준비할까요?

(5) 저는 알다 / 것이 없어요.

그 사람 요즘 왜 학교에 안 와요?

단어 生词   □ 운동복 运动服   □ 안내 指南   □ 방송 广播   □ 날 天   □ 동네 社区   □ 다니다 上班

1 듣고 빈칸에 쓰십시오. 🔘 05-07
  听后填空。

  저는 날마다 지하철을 타고 학교에 갑니다. 지하철을 타면 저는 보통 피곤하기 때문에 잡니다.
  지하철 안에는 여러 사람이 있습니다. (   ) 사람도 있고 신문을 (   ) 사
  람, 책을 (   ) 사람, 음악을 (   ) 사람, 혼자 게임을 (   ) 사람,
  친구와 같이 (   ) 사람도 있습니다.
  (   ) 사람들을 (   ) 것은 재미있지만 가끔 제가 (   ) 사람도
  있습니다. 그것은 (   ) 소리로 (   ) 사람입니다.

2 듣고 질문에 대답하십시오. 🔘 05-08
  听后回答问题。

  (1) 하숙집이 왜 좋습니까?

  (2) 학교에 다니기가 왜 불편합니까?

채소 蔬菜

상추	마늘	양파	파
당근	고추	오이	호박
배추	무	감자	고구마

어떤 사람입니까?

자기가 좋아하는 채소를 선택합니다. 아래의 표에서 그 채소에 해당하는 단어를 찾아 문장을 말합니다.

选择自己喜欢的蔬菜，从下列表格中找出对相应蔬菜的描写并套进句子中说出。

저는 ① (🥬🧅🧄🍠🥔)(으)ㄴ/는 사람을 만나고 싶습니다. 어제 친구에게서 한 사람을 소개받았습니다. 그 사람은 ② (🥬🧅🧄🍠🥔)(으)ㄴ/는 사람이었습니다. 그리고 ③ (🥬🧅🧄🍠🥔)(으)ㄴ/는 사람입니다.

	①	②	③
🥬🧅🧄🍠🥔🧅	키가 크다 잘생기다 돈이 많다 눈이 크다 말이 적다 친절하다	키가 작다 못생기다 돈이 없다 눈이 작다 말이 많다 친절하지 않다	운동을 잘하다 요리를 잘하다 음악을 좋아하다 여행을 좋아하다 좋은 회사에 다니다 담배를 안 피우다

날씨가 ① (🥕🌱🥬🌿🍠🌿)(으)ㄴ/는 날, ② (🥕🌱🥬🌿🍠🌿)(으)ㄴ/는 친구와 함께 ③ (🥕🌱🥬🌿🍠🌿)(으)ㄴ/는 옷을 사러 시장에 갔습니다. 옷을 산 후에 근처에 있는 가게에서 ④ (🥕🌱🥬🌿🍠🌿)(으)ㄴ/는 ⑤ (🥕🌱🥬🌿🍠🌿)을/를 먹었습니다.

	①	②	③	④	⑤
🥕🌱🥬🌿🍠🌿	맑다 흐리다 춥다 덥다 시원하다 따뜻하다	날씬하다 똑똑하다 키가 크다 말이 많다 여행을 좋아하다 한국말을 잘하다	예쁘다 편하다 따뜻하다 멋있다 요즘 유행하다 아이들이 입다	맵다 맛있다 달다 뜨겁다 시원하다 차다	삼계탕 아이스크림 냉면 불고기 팥빙수 떡볶이

제6과 중국 음식을 시켜 먹는 게 어때요?
叫外卖点中国菜怎么样?

🔘 06-01

이리나: 오늘 점심은 사무실에서 중국 음식을 시켜 먹는 게
        어때요?

직 원: 그래요. 지난번에 시킨 중국집 전화번호 아세요?

이리나: 저기에 있는 전화번호 책에 있어요. 뭐 시킬까요?

직 원: 그 집 자장면이 맛있어요.

이리나: 그럼 자장면하고, 다 같이 먹을 탕수육도 하나
        시켜요.

직 원: 그럽시다. 또 다른 거 시키실 분 계세요?

◎ 단어 生词

　　□ 시켜 먹다 **点外卖吃**　　　　□ 탕수육 **糖醋里脊**　　　　□ 또 **还**

伊利娜 : 今天午饭在办公室叫外卖点中国菜怎么样?

职员 　: 好的。你知道上次点的中国饭店的电话号码吗?

伊利娜 : 那边的黄页里有。要点什么?

职员 　: 那家饭店的炸酱面很好吃。

伊利娜 : 那就点炸酱面和大家能一起吃的糖醋里脊吧。

职员 　: 好的。还有要点别的菜的人吗?

　　문법　　　　　　　　　　　　　　　　　　　　语法

1 -(으)ㄴ

▷ 动词修饰后接名词时使用，表示动作已完成。词干后无收音时用'-ㄴ'，有收音时用'-은'。

보기 例　이건 작년 생일에 받은 선물입니다.　这是去年生日收到的礼物。

　　　　　이 과자는 우리 어머니가 만드신 과자예요.　这个饼干是我妈妈做的饼干。

　　　　　지난 주말에 본 영화가 아주 재미있었어요.　上个周末看过的电影挺有意思的。

2 -(으)ㄹ

▷ 动词修饰后接名词时使用，表示其动作将要发生。词干后无收音时用'-ㄹ'，有收音时用'-을'。

보기 例　오늘 저녁에 만날 사람이 누구입니까?　今晚要见面的人是谁啊?

　　　　　친구 결혼식에 입을 옷을 샀습니다.　买了参加朋友婚礼时要穿的衣服。

　　　　　오늘 우리가 만들 음식은 잡채입니다.　今天我们要做的菜是杂菜。

1

06-03

(보기)
(1)
(4)
(2) (3)
(5)

| 보기 | 아침에 지하철에서 읽었다 / 신문 |

아침에 지하철에서 읽은 신문

| (1) | 지난달에 샀다 / 휴대폰 | | (2) | 지난주에 도서관에서 빌렸다 / 책 |

| (3) | 어제 선생님한테서 받았다 / 명함 | | (4) | 교실에서 친구들하고 찍었다 / 사진 |

| (5) | 오늘 아침에 만들었다 / 샌드위치 |

2

| 보기 |

06-04

| 지난번에 만났다 / 식당 |

가 : 어디에서 만날까요?

나 : 지난번에 만난 식당에서 만납시다.

(1) 배웠다 / 단어와 문법들

시험을 보기 전에 무엇을 공부해요?

(2) 드라마 '겨울연가'에서 나왔다 / 배우

배용준 씨가 누구예요?

(3) 친구가 보냈다 / 이메일

뭘 보고 있어요?

(4) 한국에서 사귀었다 / 친구들

누구하고 같이 여행을 갔어요?

(5) 제가 만들었다 / 목걸이

친구에게 무엇을 선물했어요?

보기 사람들에게 주겠다 / 선물

(이것은) 사람들에게 줄 선물

(1) 비행기에서 보겠다 / 잡지

(2) 갈아입겠다 / 옷

(3) 일주일간 쓰겠다 / 돈

(4) 호텔방에서 사용하겠다 / 노트북컴퓨터

(5) 밤에 배고프면 먹겠다 / 컵라면

4

보기

> 저하고 결혼하겠다 / 사람
>
> 가 : 이 사람이 누구예요?
> 나 : 저하고 결혼할 사람이에요.

(1) 겨울에 입겠다 / 옷

시장에서 뭘 사려고 해요?

(2) 주말에 보겠다 / 영화표

인터넷으로 무슨 표를 예매하셨어요?

(3) 산에서 먹겠다 / 김밥과 초콜릿

가방 안에 뭐가 있어요?

(4) 대학교에 가겠다 / 학생들

이 시험을 누가 봐요?

(5) 한국에서 살겠다 / 아파트를 보러 갔어요.

다나카 씨가 어디에 갔어요?

단어 生词	□ 빌리다 借 □ 명함 名片 □ 나오다 出演 □ 사귀다 交往 □ 갈아입다 换衣服
	□ 예매하다 预订 (票)

1 듣고 맞으면 O, 틀리면 X 하십시오. 06-08
听后正确的用 O，错误的用 X 表示。

(1)

(2)

(3)

(4)

2 듣고 맞으면 O, 틀리면 X 하십시오. 06-09
听后正确的用 O，错误的用 X 表示。

(1) 피자 두 판하고 콜라 한 병을 주문했습니다.

(2) 35,900원을 카드로 내려고 합니다.

(3) 배달 받을 주소를 말하지 않았습니다.

오늘은 뭘 먹을까?

　저는 서울에서 자취를 하는 회사원입니다. 춘천에서 고등학교를 졸업한 후에 서울에 왔습니다. 혼자서 산 기간이 벌써 10년이 되었지만 아직도 가장 힘든 것은 식사 문제입니다.

　가능하면 아침은 뭐든지 꼭 먹으려고 합니다. 보통 퇴근 후에 다음 날 먹을 과일과 빵을 삽니다. 가끔 아침에 회사 근처의 편의점에서 삼각 김밥하고 우유나 요구르트를 삽니다. 하루 중 가장 맛있는 밥을 먹는 시간은 점심시간입니다. 날마다 '오늘은 뭘 먹을까?' 동료들과 이야기하고 맛있는 곳을 찾아갑니다. 오늘은 지난주에 문을 연 매운탕 집에 가려고 합니다. 저녁은 보통 집에서 간단히 먹습니다. 슈퍼에서 산 김치와 반찬 한 두 가지, 그리고 계란프라이 한 개. 주말에는 찌개나 국을 끓이기도 하지만 혼자서 먹으면 맛이 없어서 피자나 치킨을 시켜 먹기도 합니다. 가족들과 같이 집에서 먹는 밥이 그립습니다. 여러분들은 하루에 세 번 식사를 잘 하고 계십니까?

1　이 사람은 언제부터 혼자 살았습니까?

2　이 사람은 아침에 무엇을 먹습니까?

3　이 사람은 왜 피자나 치킨을 시켜 먹습니까?

단어 生词　　06-10

□ 자취하다 自己做饭	□ 춘천 春川	□ 기간 期间
□ 가능하면 可能的话	□ 삼각 김밥 三角紫菜包饭	□ 동료 同事
□ 찾아가다 去找	□ 매운탕 辣汤	□ 반찬 小菜
□ 국 汤	□ 끓이다 煮	□ 그립다 想念

할머니 **奶奶/婆婆**	할아버지 **爷爷/公公**
아주머니(아줌마) **大嫂**	아저씨 **大叔**
언니 **姐姐（女性专用）**	오빠 **哥哥（女性专用）**
누나 **姐姐（男性专用）**	형 **哥哥（男性专用）**
여동생 **妹妹**	남동생 **弟弟**
딸 **女儿**	아들 **儿子**
며느리 **儿媳**	사위 **女婿**
손녀 **孙女**	손자 **孙子**
신부 **新娘**	신랑 **新郎**
숙녀 **淑女**	신사 **绅士**
처녀 **姑娘/未婚女子**	총각 **未婚男子/小伙子**

한국 문화 엿보기 了解韩国文化

速递文化

韩国的速递文化很发达。大街上挤满了提供速递服务的摩托车和快递派送车辆。其中速度最快的是"当日速递服务"，不太着急的则可用需要一两天时间的"快递"。于是中秋或新春佳节给亲朋好友送礼物变得更加轻松了。不管是住宅区、公寓或是办公楼前经常可以看见配有铁皮箱或者塑料篮子的摩托车。足不出户便能品尝韩餐、中餐、西餐等美食。特别是中餐的派送，不受场所限制和其派送速度之快是他种食物无法超越的。学校校区，郊外公园或是在半山腰，只要给就近的中餐店打一通电话，任何时间都会有人送外卖过来。最近，趁这一趋势专门兴起了24小时派送专门饭馆，还出现了专门派送兼职岗位。

빨간 치파오가 참 예뻐요
红色旗袍真漂亮

07-01

제 니 : 어머니가 입고 계신 옷이 중국 전통 의상이에요?

리 밍 : 네, '치파오'입니다.

제 니 : 빨간 치파오가 참 예뻐요. 디자인도 멋있고요.

　　　　남자들도 치파오를 입어요?

리 밍 : 그럼요. 저도 한 벌 가지고 있어요.

제 니 : 리밍 씨가 치파오 입은 모습을 보고 싶어요.

리 밍 : 그럼, 제가 이번 주말 파티에 입고 오겠습니다.

◎ 단어 生词

□ 전통 의상 传统服装　　□ 빨갛다 红　　　　□ 참 真
□ 그럼요 当然了　　　　□ -벌 件　　　　　□ 가지고 있다 有
□ 모습 样子

珍妮 ： 妈妈穿的衣服是中国传统服装吗?

李明 ： 是的，是"旗袍"。

珍妮 ： 红色旗袍真漂亮。设计也很好看。男人也穿旗袍吗?

李明 ： 当然了，我也有一件。

珍妮 ： 我想看你穿旗袍的样子。

李明 ： 那么，我这个周末晚会的时候穿过来吧。

 문법　　　　　　　　　　　　　　　　　　　　　　　　　　语法

1 -고 있다

↳ 与 '쓰다, 입다, 신다' 等表示穿衣的着衣动词和 '타다, 가지다' 等部分动词词干相结合后，表示虽然动作已完了，但其状态却仍然持续着。

보기 例　사람들이 우산을 쓰고 있습니다.　人们撑着伞。

저기 양복을 입고 있는 사람이 누구입니까?　那边穿西服的人是谁?

모자를 쓰고, 운동화를 신고 갔습니다.　戴帽子, 穿运动鞋去的。

2 'ㅎ' 불규칙형용사

↳ 词干的收音 'ㅎ' 与元音 '으' 结合时，'ㅎ' 脱落；与 '아/어' 结合时，'ㅎ' 脱落，元音 '아/어' 变为 'ㅐ'。

* '좋다', '낳다' 等按规则使用。

기본형 基本形	-습니다	-(으)ㄴ	-(으)니까	-아/어서	-았/었어요
노랗다	노랗습니다	노란	노라니까	노래서	노랬어요
빨갛다	빨갛습니다	빨간	빨가니까	빨개서	빨갰어요
하얗다	하얗습니다	하얀	하야니까	하얘서	하얬어요
이렇다	이렇습니다	이런	이러니까	이래서	이랬어요
*좋다	좋습니다	좋은	좋으니까	좋아서	좋았어요

보기 例 노란 옷을 입고 까만 구두를 신었습니다.   穿着黄色的衣服和黑色的皮鞋。

너무 부끄러워서 얼굴이 빨개졌습니다.   害羞得脸都红了。

지난번에 간 식당이 어땠어요?   上次去过的饭馆怎么样?

3 -요

→用于名词, 副词, 连接词尾后表示尊敬的补助助词。虽然是敬语, 但不是严格意义上的格式用语, 所以对长辈说话时尽量不要使用。

보기 例 가 : 다음 주에 우리 집에서 파티를 하는데 오세요.   下个星期在我家开晚会, 你也来吧。

나 : 파티요? 무슨 요일에요?   晚会?星期几?

가 : 무슨 음식을 만들 수 있어요?   会做什么菜?

나 : 김치찌개요. 그게 제일 쉬우니까요.   泡菜汤。因为那个最简单。

가 : 왜 많이 안 드세요?   为什么吃得那么少?

나 : 좀 매워서요. 배도 부르고요.   因为有点儿辣。肚子也饱了。

句型练习

1

07-03

보기

가 : 모자를 쓰고 있어요?
나 : 네, 모자를 쓰고 있어요.
　　아니요, 모자를 쓰고 있지 않아요.

(1) 귀걸이를 하고 있어요? (2) 양말을 신고 있어요? (3) 안경을 끼고 있어요?

(4) 넥타이를 매고 있어요? (5) 가방을 들고 있어요?

2

07-04

보기

가 : 어느 차가 앙리 씨 차예요?
나 : **까만** 차가 제 차예요.

(1) 무슨 색 모자를 쓰고 있어요?

(2) 어느 것이 제인 씨 우산이에요?

(3) 무슨 색 셔츠를 사시겠어요?

(4) 결혼식에서 신랑은 어떤 옷을 입었어요?

(5) 어떤 장미를 좋아해요?

3

07-05

보기

아주머니도 친절하다

가 : 그 하숙집 음식이 맛있어요?
나 : 네, 아주머니도 친절하고요.

(1) 값도 싸다

이 슈퍼가 물건이 좋아요?

(2) 강남에도 있다

그 백화점이 명동에 있어요?

(3) 무겁지도 않다

그 구두가 편해요?

(4) 이거 먼저 먹다

이 반찬이 맛있는데 잡수세요.

(5) 엄마한테 물어보다

같이 여행 갈 수 있으면 연락 주세요.

07-06

단어 生词
□ 쓰다 戴 □ 귀걸이 耳环 □ 신다 穿 □ 끼다 戴 □ 매다 打 □ 들다 提 □ 까맣다 黑
□ 색 色 □ 파랗다 蓝, 绿 □ 노랗다 黄 □ 하얗다 白 □ 신랑 新郎 □ 장미 玫瑰
□ 먼저 先 □ 연락 联络

1 듣고 맞는 번호를 쓰십시오. 🔘 07-07

听后写出正确号码。

(1) ⬜ (2) ⬜ (3) ⬜ (4) ⬜ (5) ⬜

2 이야기를 들으면서 맞는 색깔을 고르십시오. 🔘 07-08

听故事选择正确的颜色。

이 소녀는 언제나 (★,★) 모자를 쓰고 있기 때문에 별명이 (★,★) 모자입니다.
소녀는 (★,★) 구두를 신고 (★,★) 가방을 들고 있습니다. 할머니 집으로 가고
있습니다. 가방에는 할머니에게 줄 (★,★) 빵과 (★,★) 버터가 있습니다. 길에
서 눈이 (★,★), (★,★) 늑대를 만났습니다. 소녀는 늑대에게 "지금 우리 할머니
집에 가고 있어요. 할머니 집은 저기에 있는 (★,★)집이에요."라고 말했습니다.

말해 보세요!

준비물 : 주사위, 동전 2개
방   법 : 두 사람씩 짝을 지어 주사위를 던져 나온 숫자만큼 가서 거기에 있는 내용에 대해 이야기합니다. 번갈아 가면서 합니다. 먼저 출발점으로 돌아온 사람이 이깁니다.

准备物 : 骰子， 2个硬币
方   法 : 两个人一组掷骰子，按掷得的数字移动后，回答相应的问题，最先回到出发点的人胜。

> **보기**
>
> 학생 1 : _____ 씨 나라에서 유명한 관광지가 어디예요?
>
> 학생 2 : 우리나라에서 유명한 관광지는 하와이, 나이아가라 폭포예요.

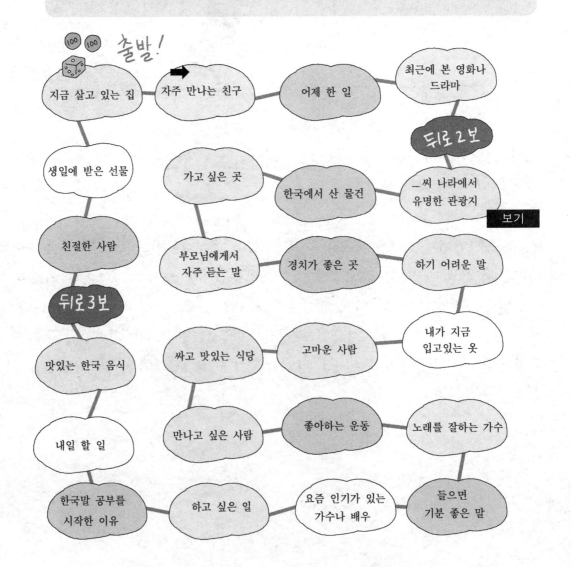

양복을 입다

넥타이를 매다

시계를 차다

구두를 신다

가방을 들다

우산을 쓰다

모자를 쓰다

가방을 메다

양말을 신다

운동화를 신다

반지를 끼다

목걸이를 하다

귀걸이를 하다

여기에서 어떻게 가요?
从这儿怎么走?

08-01

야마다 : 용산 전자 상가에 가 보셨어요?

민 지 : 네, 전자 사전을 사러 한 번 가 봤어요.

야마다 : 여기에서 어떻게 가요?

민 지 : 용산역 근처에 있으니까 시청역에서 1호선으로
갈아타세요. 용산역에서 내려서 5분쯤 걸어가면 있어요.

야마다 : 전자상가가 다른 곳에도 있어요?

민 지 : 네, 2호선 강변역 근처에도 있으니까 편한 곳으로 가
보세요.

◎ 단어 生词

- 전자 상가 电子商城
- 갈아타다 换乘
- 내리다 下
- 다르다 别
- 곳 地方

山田 : 你去过龙山电子商城吗?

敏智 : 是，为了买电子词典去过一次。

山田 : 从这儿怎么走?

敏智 : 因靠近龙山站，可在市厅站换乘1号线。在龙山站下车走5分钟就到。

山田 : 在别的地方也有电子商城吗?

敏智 : 有，2号线江边站附近也有，你就去方便的地方买吧。

 문법

 语法

1 -아/어 보다

↳ 接动词词干后，表示"实施"或"经验"。

보기 例 한국에서 어디에 가 봤어요? 你去过韩国的哪个地方?

이 옷을 한번 입어 보세요. 试试这件衣服吧。

삼계탕을 먹어 보고 싶어요. 想尝一尝参鸡汤。

2 -아/어서

↳ 与动词词干结合，表示两个动作的先后关系。前一动作已结束的状态在后一动作进行时仍持续着。与表示"理由"的'-어서'(参照2课语法1)不同，没有文章上的制约。

보기 例 사무실에 가서 물어보세요. 去办公室问问吧。

내일 만나서 이야기합시다. 明天见面再说吧。

불고기를 만들어서 친구와 같이 먹었습니다. 做烤肉跟朋友一起吃了。

1

 보기

한복을 입다 / 보고 싶어요.

한복을 입어 보고 싶어요.

(1) 조금만 더 기다리다 / 봅시다.

(2) 불고기를 만들다 / 보십시오.

(3) 만나서 이야기하다 / 보려고 해요.

(4) 이 모자를 쓰다 / 보시겠어요?

(5) 제 말을 잘 듣다 / 보세요.

2

보기 여의도 공원

여의도 공원에 가다

가 : 여의도 공원에 가 보셨어요?

나 : 아니요, 가 보지 않았어요.

가 : 다음에 한번 가 보세요.

(1) 태권도를 배우다

(2) 인사동을 구경하다

(3) 비빔냉면을 먹다

(4) 그 책을 읽다

(5) 이 노래를 듣다

3

08-05

보기

여기 들어오다 / 기다리세요.

여기 들어와서 기다리세요.

(1) 오늘은 일찍 집에 가다 / 쉬고 싶어요.

(2) 책을 빌리다 / 읽었어요.

(3) 2번 출구로 나오다 / 똑바로 걸어가세요.

(4) 사무실에 전화하다 / 물어봅시다.

(5) 편지를 쓰다 / 부쳤어요.

4

시청역에서 내리다 / 2번 출구로 나가세요

가 : 덕수궁에 어떻게 가요?
나 : 시청역에서 내려서 2번 출구로 나가세요.

(1) 집에 가다 / 먹으려고 해요.

오늘 점심을 어디에서 먹으려고 해요?

(2) 친구를 만나다 / 영화를 봤어요.

어제 뭘 하셨어요?

(3) 네, 김밥을 만들다 / 가지고 갔어요.

산에 도시락을 가지고 갔어요?

(4) 씻다 / 먹는 게 어때요?

사과를 먹을까요?

(5) 아니요, 앉다 / 왔어요.

버스에 사람이 많았어요?

단어 生词   □ 들어오다 **进来** □ 출구 **出口** □ 똑바로 **一直** □ 걸어가다 **走** □ 부치다 **寄**
□ 나가다 **出去** □ 씻다 **洗** □ 앉다 **坐**

1 듣고 물건의 번호를 맞는 위치에 쓰십시오. 🔘 08-08
听后在正确的位置填写物品的号码。

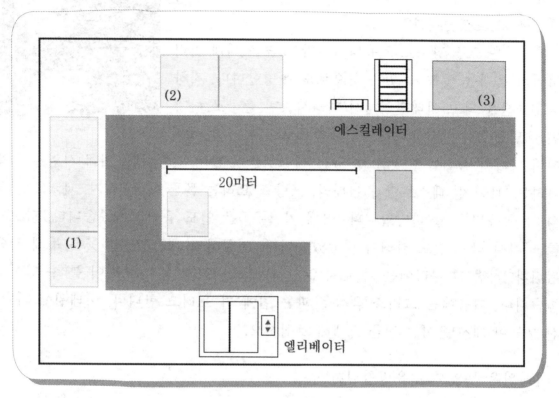

(1) ▨　　　(2) ▨　　　(3) ▨

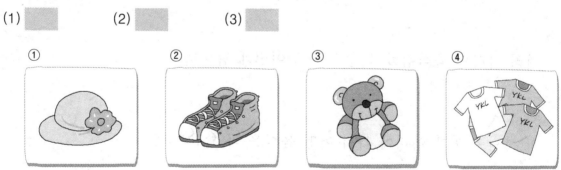

2 듣고 맞으면 O, 틀리면 X 하십시오. 🔘 08-09
听后正确的用 O，错误的用 X 表示。

(1) 서울역에서 내려서 친구 회사에 걸어갑니다.　▨

(2) 시청역에서 1호선으로 갈아탑니다.　▨

(3) 이 친구를 자주 만납니다.　▨

이태원

　서울에서 외국 사람들을 제일 많이 볼 수 있는 곳, 이태원에 가 보셨습니까?

　이태원은 쇼핑 장소로도 유명하지만 요즘은 세계 여러 나라의 음식을 맛볼 수 있는 곳으로도 유명합니다. 지하철 6호선을 타고 이태원역에서 내려서 1번 출구로 나가면 해밀턴호텔이 있습니다. 그 뒤쪽으로 걸어가면 세계 여러 나라의 음식들을 맛볼 수 있는 레스토랑이 많이 있습니다. 미국 사람들이 좋아하는 '브런치' 레스토랑과 이태리, 프랑스 요리는 물론 태국, 터키, 파키스탄 음식 등 종류가 정말 다양합니다. 어제 가 본 곳은 인도 음식점이었습니다. 닭고기를 넣어서 만든 인도 카레가 맛있었습니다. 지금까지 제가 가 본 곳은 두세 집쯤 됩니다. 직접 그 나라에는 가 보지 않았지만 그 나라의 음식을 먹어 볼 수 있어서 좋습니다. 다음에는 그리스 음식을 파는 집에 가 보려고 합니다. 이태원에 가 보신 분들이 계시면 아는 집을 소개해 보십시오.

1　　이태원은 무엇으로 유명합니까?

2　　여러 나라의 음식점들이 많은 곳에 어떻게 갑니까?

3　　이 사람은 어제 어디에 가서 어떤 음식을 먹었습니까?

단어 生词 08-10

□ 맛보다 尝	□ 브런치 早午餐	□ 태국 泰国
□ 터키 土耳其	□ 파키스탄 巴基斯坦	□ 다양하다 繁多
□ 넣다 放	□ -쯤 大概	□ 직접 直接
□ 그리스 希腊		

색깔 颜色

하얀색	노란색	주황색	분홍색	빨간색
연두색	초록색	하늘색	파란색	보라색
밤색	회색	까만색	금색	은색

결혼식에 가 본 일이 있어요?
你参加过婚礼吗?

09-01

민지 : 리밍 씨는 한국에서 결혼식에 가 본 일이 있어요?

리밍 : 아니요, 가 본 적이 없어요. 한번 가 보고 싶어요.

민지 : 이번 토요일에 대학 선배가 결혼해요.
      같이 가시겠어요?

리밍 : 네, 좋아요. 그런데 시간이 많이 걸려요?

민지 : 식은 30분밖에 하지 않지만 결혼식 후에 사진도
      찍고 식사도 해요.

리밍 : 축의금은 보통 얼마쯤 해요?

◉ 단어 生词

□ 결혼식 婚礼　　　□ 축의금 礼金　　　□ 선배 学长，学姐
□ 식 仪式

敏智： 李明，你参加过韩国的婚礼吗？

李明： 不，没有参加过，我很想去看看。

敏智： 这个星期六大学的学长结婚，要一起去吗？

李明： 嗯，好啊。但是会占用很多时间吗？

敏智： 仪式只需要30分钟，可是办完婚礼后还要照相用餐。

李明： 一般送多少礼金？

语法

1 -(으)ㄴ 일이 있다/없다

↳ 与动词词干结合表示曾经历其种事实与否。口语当中常用以 '-(으)ㄴ 적이 있다/없다' 的形态。

보기 例　한국에서 여행을 가 본 일이 있으세요?　在韩国旅游过吗?

유명한 사람을 만난 일이 없습니다.　我没见过名人。

여행 가서 길을 잃은 적이 있습니다.　旅游的时候迷过路。

2 -밖에

↳ 表示范围限制的助词，通常用于否定形式。

보기 例　냉장고에 주스밖에 없어요.　冰箱里只有果汁。

집에서 학교까지 10분밖에 걸리지 않습니다.　从家到学校只要10分钟。

이 책을 아직 조금밖에 못 읽었습니다.　这本书只读了一点点。

1

보기

춘천에 가 보다

춘천에 가 본 일이 있어요.

(1) 외국에서 생활하다

(2) 한국 음식을 만들어 보다

(3) 이 이야기를 듣다

(4) 다른 외국어를 배우다

(5) 물건 값을 깎아 보다

2

보기

학교에 지각하다

가 : 학교에 지각한 적이 있어요?
나 : 네, 지각한 적이 있어요.
　　아니요, 지각한 적이 없어요.

(1) 한국에서 미용실에 가 보다

(2) 막걸리를 마셔 보다

(3) 부모님한테 거짓말을 하다

(4) 한복을 입어 보다

(5) 영화를 보면서 울다

3

보기

두 달만 배웠어요.

두 달밖에 배우지 않았어요.

(1) 주말만 시간이 있습니다.

(2) 드라마만 봐요.

(3) 영어만 해요.

(4) 물냉면만 먹어 봤어요.

(5) 그 사람 이름만 알아요.

4

보기

가 : 어제 몇 시간 잤어요?
나 : 5시간밖에 안 잤어요.

(1) 한국 친구가 몇 명 있어요?

(2) 돈이 얼마쯤 있어요?

(3) 그 책을 다 읽었어요?

(4) 집에 누가 계세요?

(5) 스노보드도 잘 타세요?

09-07

단어 生词   □ 깎다 还(价) □ 지각하다 迟到 □ 미용실 理发店 □ 막걸리 稠酒 □ 거짓말 假话
□ 울다 哭 □ 스노보드 滑雪板

1 듣고 맞으면 O, 틀리면 X 하십시오. 09-08
听后正确的用 O，错误的用 X 表示。

(1) ① 여자는 은행에서 카드로 돈을 찾은 적이 있습니다.

　② 남자는 은행에 가서 돈을 찾지 않습니다.

(2) ① 여자는 고기를 좋아하기 때문에 비빔밥을 먹지 않습니다.

　② 남자는 어제 처음으로 비빔밥을 먹어 보았습니다.

(3) ① 남자는 유명한 가수의 사인을 받은 적이 있습니다.

　② 여자는 좋아하는 가수와 같이 사진을 찍었습니다.

MEMO

혼자 여행한 적이 있어요?

상대방에게 아래 내용의 경험이 있는지 인터뷰를 합시다. 각 내용에 대해서 조금 더 자세히 묻고 대답합니다.

采访对方是否有以下经验，对各个内容做进一步访问和作答。

> **보기**
>
> 혼자 여행하다 → 혼자 여행한 적이 있어요?

	_____씨	_____씨	_____씨	_____씨
(찜질방)에 가다				
(감자탕)을 먹다				
병원에 입원하다				
버스나 지하철을 잘못 타다				
남자친구/여자친구를 사귀다				
텔레비전에 출연하다				
유명한 사람을 만나다				
한국에서 물건 값을 깎다				
돈이나 물건을 잃어버리다				

크다 **大**	작다 **小**
좋다 **好**	나쁘다 **坏**
많다 **多**	적다 **少**
싸다 **便宜**	비싸다 **贵**
어렵다 **难**	쉽다 **易**
바쁘다 **忙**	한가하다 **闲**
재미있다 **有趣**	재미없다 **无趣**
맛있다 **好吃**	맛없다 **难吃**
멀다 **远**	가깝다 **近**
무겁다 **重**	가볍다 **轻**
밝다 **亮**	어둡다 **暗**
덥다 **热**	춥다 **冷**
깨끗하다 **干净**	더럽다 **脏**
조용하다 **安静**	시끄럽다 **吵**
길다 **长**	짧다 **短**
넓다 **宽**	좁다 **窄**
높다 **高**	낮다 **低**
깊다 **深**	얕다 **浅**
빠르다 **快**	느리다 **慢**
편하다 **方便**	불편하다 **不方便**
복잡하다 **复杂**	간단하다 **简单**

韩国的婚礼

韩国人通常在婚礼礼堂举行婚礼。有些经济条件好的人则在酒店举行婚礼。还有一些宗教人士则在教堂、圣堂或在寺庙举行婚礼。

婚礼上一般邀请家族、亲戚、朋友或职场同士等以多种人脉关系相识的朋友。道贺的人数通常有100人或者3~400人不等。道贺的人都会送礼金，其数额则基于人脉关系的深浅。

婚礼大致举行30分钟左右。仪式结束之后拍摄照片，之后便可以用餐了。以前，照片拍摄结束之后新郎新娘更换传统服装，给婆家亲戚们作揖，这种礼节称作币帛(폐백)。不过，最近新郎方为了照顾新娘的家族不进行币帛仪式，而以新郎新娘和父母一起给每桌的客人一一道谢来代替币帛。

一般婚礼结束以后就去蜜月旅行，但最近新郎新娘去就近的酒店过新婚之夜的夫妇也很常见。在酒店和朋友们一起欢庆或者新婚夫妇俩人安静地共度良宵之后，隔天再去国外度蜜月。

이게 요즘 제일 인기 있는 모델인데
这是最近最热门的机种

🔘 10-01

점 원 : 어서 오세요. 어떻게 오셨어요?

상 우 : 휴대폰을 바꾸고 싶어서 왔어요.

점 원 : 찾는 모델이 있으세요?

상 우 : 글쎄요. 이 중에서 뭐가 제일 인기가 있어요?

점 원 : 이게 요즘 제일 인기 있는 모델인데 별로 비싸지도
않고 좋습니다.

상 우 : 그래요? 가격이 어떻게 돼요?

◉ 단어 生词

- 어서 오세요 欢迎光临
- 어떻게 오셨어요? 你要什么
- 찾다 要
- 글쎄요 嗯……
- 제일 最
- 별로 不太
- 가격 价格
- 어떻게 돼요? 多少

店员 : 欢迎光临。您需要点什么?

相佑 : 我想换手机。

店员 : 要什么机种?

相佑 : 嗯……，这些中哪个最受欢迎?

店员 : 这是最近最热门的机种，不太贵，挺好。

相佑 : 是吗? 价格多少?

 语法

1 -(으)ㄴ데

➡ 引出后句内容的背景或提示前提的时候使用。介绍事物的陈述句或询问对方意向时，用作话题导入。也表示理由和对立关系。形容词用'-(으)ㄴ데', 名词用'-(이)ㄴ데', 动词用'-는데'。

보기 例 이것은 새로 나온 신제품**인데** 요즘 인기가 있습니다.

这是刚面世的新产品，最近挺热门。

제가 빵을 만들었**는데** 좀 드시겠어요?　我烤了面包，要不要吃?

지금 비가 오**는데** 조금 이따가 나가세요.　现在正下雨，过一会儿再去吧。

옛날에는 손님이 많지 않았**는데** 요즘은 많아요.　以前客人很少，可最近多了。

1

> 1년 / 바쁜 달 / 12월
>
> 1년 중에서 제일 바쁜 달이 12월이에요.

(1) 한국 음식 / 좋아하는 것 / 비빔밥

(2) 여기 있는 것들 / 비싼 것 / 이 목걸이

(3) 말하기·듣기·읽기·쓰기 / 어려운 것 / 말하기

(4) 미국 / 큰 도시 / 뉴욕

(5) 우리 반 / 나이가 많은 사람 / 앙리 씨

2

> 가 : 형제들 중에서 누가 제일 키가 커요?
> 나 : 형제들 중에서 동생이 제일 키가 커요.

(1) 4계절 중에서 어느 계절을 제일 좋아하세요?

(2) 친구들 중에서 누구하고 제일 친해요?

(3) 한국에서 제일 가 보고 싶은 데가 어디예요?

(4) 세계에서 제일 인구가 (5)　　　　 이 식당에서
　　 많은 나라가 어디예요?　　　 제일 맛있는 게 뭐예요?

3

10-05

보기

우리 집은 사당동이다 / 교통도 편리하고 살기도 좋습니다.

우리 집은 사당동**인데** 교통도 편리하고 살기도 좋습니다.

(1) 우리 반 학생은 전부
8명이다 / 여자가 5명이고
남자가 3명이에요.

(2) 우리 회사는 무역회사이다 /
여러 나라에 회사가 있어요.

(3) 부모님 고향은 강원도 속초이다 /
부모님은 서울에 계시고
속초엔 할머니만 계세요.

(4) 내 동생은 지금 대학교에
다니다 / 내년에 유학 가요.

(5) 이 장갑은 어제 산 것이다 /
따뜻하고 좋아요.

4

> 한국 역사책이다 / 좀 어려워요.
>
> 가 : 이게 무슨 책이에요?
> 나 : 한국 역사책인데 좀 어려워요.

(1) 홍대입구역 근처에 있다 / 우리 집에서 가까워요.

이 학원이 어디에 있어요?

(2) 비빔밥이다 / 친구들이 좋아하는 음식이에요.

뭘 만드세요?

(3) 회사원이다 / 지금 중국에서 일하고 있어요.

동생은 뭘 하세요?

(4) 하숙집에서 살다 / 음식이 맛있어요.

어디에서 사세요?

(5) 지난 주말에 봤다 / 좀 슬퍼요.

그 영화가 어때요?

단어 生词	□ 목걸이 **项链** □ 계절 **季节** □ 봄 **春天** □ 파전 **葱煎饼** □ 사당동 **舍堂洞** □ 무역회사 **贸易公司**
	□ 강원도 **江原道** □ 속초 **束草** □ 유학가다 **去留学** □ 장갑 **手套** □ 슬프다 **伤心**

1   듣고 맞는 것을 고르십시오.   10-08

听后选出正确项。

(1) ▢

     ① 이것은 1년 전에 산 한일사전입니다.

     ② 이 사전을 한국에서 샀습니다.

     ③ 이 사전을 자주 사용하지 않습니다.

(2) ▢

     ① 이 사람은 여자 친구하고 여행한 적이 없습니다.

     ② 이 사람은 내년에 미국에 가려고 합니다.

     ③ 여자 친구는 다음 주에 한국에 옵니다.

2   듣고 맞지 않는 것을 고르십시오.   10-09

听后选出错误项。

(1) ▢

     ① 이 휴대폰을 준 친구는 중국에 갔습니다.

     ② 음악을 들을 수 없지만 사진을 찍을 수 있습니다.

     ③ 가볍고 디자인도 좋습니다.

(2) ▢

     ① 작년 여름에 친구들과 설악산에 갔습니다.

     ② 다음 달에 강원도에 있는 바다에 가려고 합니다.

     ③ 설악산 근처의 바다에 가서 보트를 탔습니다.

아끼는·물건이 있어요?

이리나 : 오늘 입은 청바지는 어디에서 사셨어요?

야마다 : 전에 여행 가서 산 건데 색도 마음에 들고 입으면 정말 편해요.

이리나 : 디자인도 좋고 입은 모양도 멋있어요.
　　　　야마다 씨는 청바지가 몇 벌 있어요?

야마다 : 한 10벌쯤 있는데 그 중에서 제일 아끼는 청바지가 이거예요.
　　　　이리나 씨도 아끼는 옷이 있어요?

이리나 : 아끼는 옷요? 한두 벌 있어요. 하지만
　　　　저는 옷보다 가방을 좋아해요.

야마다 : 지금 들고 있는 가방도 멋있네요.

이리나 : 이거요? 제가 직접 만든 건데 크고 가
　　　　벼워서 자주 들어요.

야마다 : 정말 이걸 이리나 씨가 만들었어요?

이리나 : 네, 제가 이런 거 만드는 걸 좋아해요.
　　　　사실은 이 목걸이도 제가 만든 거예요.

1 야마다 씨는 왜 이 청바지를 좋아합니까?

2 이리나 씨는 아끼는 옷이 있습니까?

3 이리나 씨가 지금 들고 있는 가방은 어떤 가방입니까?

4 각자 자기가 아끼는 것을 말해 봅시다.

 단어 生词　🔘 10-10

▢ 아끼다 **爱惜**	▢ 마음에 들다 **喜欢, 称心**	▢ 모양 **样子**
▢ 특별하다 **特别**	▢ 사실은 **其实**	

交通卡

　　在韩国，地铁、公交等公共交通很发达，利用公共交通时大家都会使用交通卡。交通卡可以绑定信用卡一起使用，且每个地区都有各自的专用交通卡。(首尔首都圈一般使用的交通卡是T-money，釜山地区则使用哈娜罗卡，光州地区则使用比高尔卡等。)

　　信用卡绑定的交通卡是使用完一个月以后付款的后付制，T-money卡是先付制方式即先冲值后使用的卡种。还有，使用交通卡可以乘坐地铁、公交大巴、出租车等。其中，地铁和公交大巴可相互免费换乘，但是坐出租车时就没有免费换乘这一说了。

제11과 제 친구인데 인사하세요
我朋友，打个招呼吧

🔘 11-01

제니 : 상우 씨, 이쪽은 미국에서 온 제 친구인데 인사하세요.

상우 : 안녕하세요? 윤상우입니다.

마리 : 안녕하세요? 마리예요. 만나서 반가워요.

상우 : 한국말을 아세요? 한국말을 얼마나 배우셨어요?

마리 : 가나다한국어학원에서 한 4개월쯤 배웠어요.

　　　하지만 아직도 한국 사람과 이야기하면 긴장해요.

상우 : 잘하시는데 긴장하지 마세요.

11-02

◉ 단어 生词

- 인사하다 打招呼
- 한 大概
- -개월 个月
- 하지만 但是
- 긴장하다 紧张

珍泥 ： 相佑，这是我美国来的朋友，打个招呼吧。

相佑 ： 你好，我叫尹相佑。

马丽 ： 你好，我是马丽。认识你很高兴。

相佑 ： 你会说韩语吗? 学了多长时间?

马丽 ： 在GANADA韩国语学院学了大概4个月左右。但是跟韩国人说起话来还是很紧张。

相佑 ： 你说得不错，别紧张。

 문법

 语法

1 -(이)나

↪ 用于多少、几等数量疑问词后，表示"大概"的意思。(参考1级30课语法1)

보기 例 돈이 얼마나 필요해요? 需要多少钱?

손님이 몇 명이나 왔어요? 来了几位客人?

한국에 몇 년이나 계셨어요? 在韩国待几年了?

1

 11-03

보기

몇 잔

가 : 오늘 커피를 많이 마셨어요.
나 : 몇 잔이나 마셨어요?
가 : 한 다섯 잔쯤 마셨어요.

(1) 얼마

지난달에 돈을
너무 많이 썼어요.

₩ 500,000

(2) 몇 번

난타 공연이 재미있어서
여러 번 봤어요.

(3) 몇 명

새 집으로 이사했으니까
친구들을 초대하려고 해요.

(4) 몇 시간

고속도로가 막혀서
시간이 많이 걸렸어요.

(5) 몇 년

우리 가족은 이 동네에서
오래 살았어요.

2

비가 많이 오다 / 조금 이따가 나갑시다.

비가 많이 오는데 조금 이따가 나갑시다.

(1) 휴일에는 복잡하다 / 평일에 갑시다.

(2) 다리가 아프다 / 앉아서 좀 쉴까요?

(3) 이 음식은 좀 맵다 / 다른 거 드세요.

(4) 그건 편의점에서 안 팔다 / 마트에 가 보세요.

(5) 그 연극이 재미있다 / 친구하고 한번 보러 가세요.

3

11-05

보기

	메뉴
★★	
칼 왕 파 보	
국 만	
수 두 전 쌈	

여기는 칼국수가 맛있다 / 칼국수를 먹읍시다.

가 : 뭐 먹을까요?
나 : 여기는 칼국수가 맛있는데 칼국수를 먹읍시다.

(1) 내일은 시간이 없다 / 모레 놀러 갑시다.

팬찮으면 내일 놀러 갈까요?

(2) 다음 주부터 세일이다 / 그때 사세요.

이따가 백화점에 가서 침대를 사려고 해요.

(3) 오늘 날씨가 안 좋다 / 가지 마세요.

오늘 친구들하고 북한산에 가려고 해요.

(4) 피에르 씨가 여의도에 살다 / 피에르 씨한테 물어보세요.

여의도 가는 버스가 몇 번이에요?

(5) 어제도 거기에서 먹었다 / 오늘은 다른 곳으로 갑시다.

지하철역 근처에 있는 한식집으로 갈까요?

11-06

단어 生词	□ 새 新　□ 고속도로 高速公路　□ 막히다 堵　□ 평일 平日　□ 연극 话剧

1   듣고 맞으면 O, 틀리면 X 하십시오.   11-07
        听后正确的用 O，错误的用 X 表示。

    (1) 요시다 씨는 이 남자하고 대학교에서 같이 공부합니다.

    (2) 이 여자는 일본말을 배우려고 합니다.

    (3) 이 여자는 요시다 씨를 만난 적이 있습니다.

    (4) 요시다 씨는 한국말을 가르쳐 보지 않았습니다.

2   듣고 내용과 다른 것을 고르십시오.   11-08
        听后选出与内容不符的项。

    ① 여자는 다른 하숙집으로 이사하려고 합니다.

    ② 남자와 마이클 씨는 같은 하숙집에서 살고 있습니다.

    ③ 하숙집에 사는 남자는 모두 9명입니다.

    ④ 마이클 씨는 한국에서 영어를 가르칩니다.

MEMO

제일 일찍 일어나는 사람은 누구입니까?

친구들이나 주위 사람들에게 질문을 하고 발표합니다.
向朋友或周围的人提问并完成表格。

	(질문)	_____ 씨	_____ 씨	_____ 씨
아침에 제일 일찍 일어나는 사람	아침에 보통 몇 시에 일어나세요?			
형제가 제일 많은 사람				
한국말을 제일 오래 배운 사람				
맥주를 제일 많이 마실 수 있는 사람				
어제 집에 제일 늦게 들어간 사람				
발이 제일 큰 사람				
지금 지갑에 돈이 제일 많은 사람				
집이 제일 가까운/ 먼 사람				
가장 최근에 한국 영화를 본 사람				

居民登录证

　　韩国的行政机关给居住在其管辖范围内的17周岁以上的居民颁发叫做"居民登录证"的身份证，这就是常规的身份证件。

　　居民登录证的正面印有韩语和汉字名字，居民登录号，地址和照片。背面则印有地址变更内容和指纹。

　　每个经过居民登录的市民都会赋予居民登陆号。以13位数字形成的居民登录号码中，前六位数字表示出生年月日，后七位表示性别、出生地等信息。

　　在韩国填写重要文件或申请表格时，须要填写居民登录号还要同时提交居民登录证复印件的情况较多。

벚꽃이 정말 많이 피었군요!
真是樱花盛开呀!

12-01

리 밍 : 이번 주에 벚꽃 축제가 시작되는데 같이 가시겠어요?

이리나 : 벚꽃 축제요? 가 본 적이 없는데 재미있어요?

리 밍 : 여러 가지 구경도 하고 맛있는 것도 먹고 재미있어요.

이리나 : 그럼 이번 주말에 가 볼까요?

(벚꽃 축제에서)

리 밍 : 벚꽃이 정말 많이 피었군요! 카메라 가져왔는데 사진
한 장 찍을까요?

이리나 : 그래요. 먼저 여기서 사진 한 장 찍고 저기 가서 맥주
한잔해요.

◎ 단어 生词

□ 벚꽃 축제 樱花节　　　□ 시작되다 开始　　　□ 꽃이 피다 开花
□ 가져오다 带来　　　　　□ 먼저 先

李明　：这个周末樱花节就要开始了，一起去看吗？

伊利娜：樱花节? 没有去过，好玩儿吗？

李明　：能欣赏美景，还能吃好吃的，挺好玩的。

伊利娜：那这个周末去看看？

(在樱花节上)

李明　：真是樱花盛开呀! 我带了照相机，拍张照片吧？

伊利娜：好的。先在这儿拍一张，然后去那边喝一杯啤酒吧。

문법 　　　　　　　　　　　　　　语法

1 -군요

↪ 表示刚得知以前不知道的事实或感叹。名词、形容词用 '-군요'，动词用 '-는군요'。

보기 例　음식이 다 맛있**군요**!　菜都很好吃啊!

　　　　한국말을 참 잘하시**는군요**!　韩语说得真好啊!

　　　　사람들이 많이 왔**군요**!　来了好多人啊!

1

> 저는 제주도에 가 보고 싶다 / 리밍 씨는 어때요?
>
> 저는 제주도에 가 보고 싶은데 리밍 씨는 어때요?

(1) 제 취미는 영화 감상이다 / 히로미 씨 취미는 뭐예요?

(2) 저한테 뮤지컬 공연 표가 있다 / 주말에 시간이 있어요?

(3) 서울은 여름에 아주 덥다 / 런던은 어때요?

(4) 저는 볶음밥을 잘 만들다 / 민지 씨는 뭘 잘해요?

(5) 찜질방에 가려고 하다 / 같이 가시겠어요?

2

> 경치가 정말 아름답다
>
> 경치가 정말 아름답군요!

(1) 아는 사람이 많다   (2) 매운 음식을 잘 드시다   (3) 생각보다 복잡하지 않다

(4) 술을 좋아하지 않다 (5) 시험을 아주 잘 보셨다

3

12-05

보기

그림을 잘 그리다

가 : 이건 제가 그린 그림이에요.
나 : 그림을 잘 그리는군요!

(1) 멋있다

저 양복을 사고 싶은데 어때요?

(2) 지금 보고 있는데 간단하지 않다

사용 방법을 읽어 보셨어요?

(3) 한국 음식을 좋아하다

아침, 점심, 저녁 모두 한국
음식을 먹어요.

(4) 일찍 일어났다

오늘 새벽 5시에 일어났어요.

(5) 많이 왔다

어제 손님이 20명 왔어요.

12-06

단어 生词　□ 감상 **欣赏**　□ 뮤지컬 **音乐剧**　□ 런던 **伦敦**　□ 볶음밥 **炒饭**　□ 찜질방 **韩式桑拿房**
□ 그림 **画**　□ 그리다 **画**　□ 사용 방법 **使用方法**　□ 간단하다 **简单**

1 듣고 대답하십시오. 🔘 12-07

听后回答。

(1) 이 여자와 남자는 오늘 어떤 옷을 입었습니까? 这位男士和女士今天穿了什么样的衣服?

①    ②    ③

(2) 지난주와 오늘의 날씨는 각각 어떻습니까? 请写出上周和今天的天气情况。

지난주 :
오 늘 :

(3) 내용과 맞으면 O, 틀리면 X하십시오. 与内容相符用 O; 不符用 X 表示。

① 봄에도 추운 날이 있습니다.

② 4월에도 눈이 많이 온 적이 있습니다.

③ 이 남자는 벌써 겨울옷을 세탁소에 보냈습니다.

봄 · 여름 · 가을 · 겨울

　3월은 겨울이 끝나고 봄이 시작되는 달이지만 좀 춥습니다. 4월이 되면 꽃도 많이 피고 날씨도 따뜻합니다. 그리고 봄에는 황사가 있는데 이것 때문에 봄을 좋아하지 않는 사람도 있습니다.

　한국의 여름은 무더운데 장마가 끝난 7월 중순부터 8월 중순까지 제일 덥습니다. 한국 사람들은 보통 이때 여름휴가를 떠납니다. 학교도 방학이고 너무 더워서 일을 하기가 어렵기 때문입니다.

　가을은 덥지도 춥지도 않은 시원한 날씨를 즐길 수 있는 계절입니다. 가을의 하늘은 1년 중 가장 높고 파랗습니다. 또, 단풍이 들어서 아름다운 경치를 볼 수 있습니다.

　하지만 한국의 가을은 짧아서 곧 긴 겨울이 찾아옵니다. 가정에서는 김장을 하고 겨울 준비를 합니다. 크리스마스와 설날, 그리고 긴 겨울방학이 있어서 아이들은 겨울을 좋아합니다.

1　한국의 봄은 언제 시작됩니까?

2　한국 사람들은 언제 휴가를 많이 떠납니까? 왜요?

3　한국의 가을 날씨는 어떻습니까?

4　아이들은 왜 겨울을 좋아합니까?

 단어 生词　💿 12-08

□ 황사 沙尘暴	□ 무덥다 炎热	□ 중순 中旬
□ 떠나다 离开	□ 방학 假期	□ 즐기다 享受
□ 하늘 天空	□ 단풍이 들다 枫叶红了	□ 곧 将
□ 찾아오다 来，到来	□ 가정 家庭	□ 김장 腌制泡菜
□ 설날 春节		

장미

백합

국화

해바라기

카네이션

무궁화

개나리

진달래

벚꽃

韩国的货币

　　韩国和别的国家一样有多种类的硬币和纸币。其中硬币种类有1元、5元、10元、50元、100元、500元几种。最近，基本上见不到1元和5元硬币，通常以十元、五十元、一百元、五百元四种硬币为主。纸币基本上以1,000元、5,000元、10,000元、50,000元最为常用。还有100,000元的支票一般可以当成现金使用。

십 원 (10 元)

오십 원 (50 元)

백 원 (100 元)

오백 원 (500 元)

천 원 (1,000 元)

오천 원 (5,000 元)

만 원 (10,000 元)

오만 원 (50,000 元)

시원한 냉면이나 먹을까요?
吃清凉爽口的冷面怎么样?

🔘 13-01

야마다: 장마가 끝나니까 정말 덥네요.

　　　　아까 팥빙수를 먹었는데 또 먹고 싶어요.

민　지: 요즘은 너무 더우니까 밥 먹기도 싫고 기운도 없어요.

야마다: 저도 그래요. 저녁에 시원한 냉면이나 먹을까요?

민　지: 그것도 좋은데 삼계탕을 먹는 게 어때요?

야마다: 이렇게 더운데 뜨거운 음식을 먹어요?

민　지: 한국 사람들은 여름에 기운이 없으면 삼계탕을 먹어요.

○ 13-02

◎ 단어 生词

  □ 장마 梅雨   □ 아까 刚才   □ 팥빙수 红豆刨冰
  □ 너무 太   □ 기운이 없다 没有力气   □ 뜨겁다 热

山田 : 梅雨过后，天气真热呀。刚才吃了红豆刨冰了，可是还想吃。

敏智 : 最近太热，没有食欲，也没有力气。

山田 : 我也是。晚上吃清凉爽口的冷面怎么样?

敏智 : 好是好，可还是吃参鸡汤吧，怎么样?

山田 : 天气这么热，还要吃热食吗?

敏智 : 韩国人夏天只要没有力气，就去吃参鸡汤。

문법

语法

1 -네요

➥ 接谓词词干后表示说话人的想法或感受。

보기 例 아이가 피아노를 잘 **치네요**. 这孩子钢琴弹得真不错。

방이 생각보다 **넓네요**. 房间比想象的要宽敞。

오늘은 안경을 쓰고 **오셨네요**. 今天带眼镜过来了啊。

2 -(이)나

➥ 表示选择的助词。虽然选择不太令人满意，可其程度还是可以让人接受的。名词后无收音时用 '-나'，有收音时用 '-이나'。

보기 例 심심한데 영화**나** 볼까요? 无聊极了，看电影怎么样?

일요일에는 집에서 잠**이나** 자려고 해요. 星期日打算在家睡个觉。

선물을 사지 못했는데 과일**이나** 사 가지고 갑시다. 没买到礼物，就买点水果再去吧。

1

보기

물이 조금밖에 없다

물이 조금밖에 없네요.

(1) 2인분인데 양이 많다

(2) 노래를 참 잘하다

(3) 사무실이 지하철역에서 가깝다

(4) 비싸지 않다

(5) 일찍 출근하셨다

보기

디자인은 예쁘다 / 색이 마음에 안 들어요.

가 : 이 가방 어때요?

나 : 디자인은 예쁜데 색이 마음에 안 들어요.

(1) 말하기는 괜찮다 / 쓰기가 어려워요.

제니 씨는 한국말에서 뭐가
어려워요?

(2) 여행을 가고 싶다 / 시간이 없어요.

여행을 자주 가세요?

(3) 맵다 / 맛있어요.

매운 떡볶이를 잘 드시네요.

(4) 가끔 먹다 / 좋아하지는 않아요.

삼겹살을 좋아하세요?

(5) 옛날에 배웠다 / 다 잊어버렸어요.

중국어를 배운 적이 있어요?

3

보기

김밥 / 먹는 게 어때요?

가 : 시간이 없는데 점심에 뭘 먹을까요?
나 : 김밥이나 먹는 게 어때요?

(1) 집에서 텔레비전 / 봅시다.

주말에 뭐 할까요?

(2) 산책 / 갑시다.

날씨가 좋은데
뭐 할까요?

(3) 차 / 마실까요?

영화가 4시에 시작하는데
그동안 뭐 할까요?

(4) 아니요, 그냥 책 / 읽으려고요.

좋은 휴가 계획이
있으세요?

(5) 시원한 물 / 한 잔 주세요.

커피 드시겠어요,
주스 드시겠어요?

 13-06

단어 生词   □ 양 量   □ 잊어버리다 忘掉   □ 옛날에 以前   □ 산책 散步   □ 계획 计划   □ 그냥 只

1 일기예보입니다. 듣고 맞으면 O, 틀리면 X 하십시오. 13-07

听天气预报，正确的用 O，错误的用 X 表示。

(1) ① 어제는 더웠습니다.

　　② 오늘 아침 기온은 22도입니다.

　　③ 오늘 오전에 비가 오겠습니다.

　　④ 토요일부터 장마가 시작되었습니다.

(2) ① 이번 주에 눈이 많이 왔습니다.

　　② 오늘과 내일은 기온이 비슷합니다.

　　③ 모레는 오늘보다 춥지 않겠습니다.

　　④ 다음 주에 눈이 오겠습니다.

제가 만든 김밥인데 드셔 보시겠어요?

준비물 : 제안 카드, O/X 카드

방　법 : 학생1이 제안 카드를 들고 보기와 같이 제안하면 학생2, 학생3은 O/X 카드 중 하나를 들고 대답을 합니다.

准备物 : 提案卡，O/X 卡

方　法 : 学生1拿着提案卡仿照例子提议。学生2和学生3在O/X卡中选择一种并回答。

비가 오다

눈이 오다

소나기가 오다

바람이 불다

구름이 끼다

안개가 끼다

천둥이 치다/번개가 치다

기온이 올라가다/내려가다

따뜻하다

덥다

시원하다

춥다

한국 문화 엿보기 了解韩国文化

冷面

夏天的时候韩国人最喜欢吃的"冷面"本来是北韩地区的人们冬天爱吃的食物。北韩地区冷面料理比较发达的原因主要是冷面的主料荞麦的主产地在西北地区和江原道以北地区。冷面主要分为平壤式和咸兴式。

물냉면

비빔냉면

회냉면

平壤式冷面以水冷面最为有名。酸甜冰凉的肉汤和辣而不咸是它的特点。用荞麦面制作而成的面条非常筋道，不需用剪刀剪断，直接吃味道会更地道。

咸兴式冷面以拌面最为有名。土豆、地瓜淀粉含量较多的细而筋道的面条，加上辣而浓的拌酱是它的特点。食用时与酸酸甜甜的冷面一同食用热腾腾的肉汤。添加魟鱼生鱼片的冷面也很受欢迎。

冷面以肉片或者炒肉，黄瓜菜，熟鸡蛋，梨等作配菜，按照喜好还可以添加食醋和芥末等食用。最近，蒿冷面、竹芋冷面、绿茶冷面等绿色健康冷面也陆续登场了。

요즘 산에 가면 단풍이 예쁘겠네요
最近爬山，枫叶一定很漂亮

14-01

상 우 : 날씨가 참 좋지요? 하늘도 파랗고요.

히로미 : 요즘 산에 가면 단풍이 예쁘겠네요.

상 우 : 주말에 등산 갈까요? 산에 올라가면서 사진도 찍고 단풍 구경도 해요.

히로미 : 좋아요. 그런데 단풍은 어느 산이 제일 유명해요?

상 우 : 설악산이 좋은데 너무 머니까 가까운 북한산으로 가요.

히로미 : 그래요. 맑고 시원한 공기를 마시면 기분도 좋겠네요.

🔘 14-02

◎ 단어 生词

□ 단풍 枫叶 　　　□ 올라가다 爬 　　　□ 설악산 雪岳山
□ 북한산 北韩山 　　□ 맑다 清新 　　　□ 공기 空气

相佑 ： 天气很好吧。天也很蓝。

宏美 ： 最近爬山，枫叶一定很漂亮。

相佑 ： 周末去登山怎么样？爬山的路上，边拍照边欣赏枫叶吧。

宏美 ： 好。不过哪座山的枫叶最有名？

相佑 ： 雪岳山好是好，就是太远了。还是去就近的北韩山吧。

宏美 ： 好的。吸清新又清爽的空气心情也会好转的。

문법

语法

1 -지요?

↪ 征得对方同意或确认时用。

보기 例　오늘이 수요일이**지요**?　今天是星期三吧？

한국말 공부가 어렵**지요**?　韩语很难学吧？

아직 식사 안 하셨**지요**?　还没吃饭吧？

2 -겠네요

↪ 说话者对刚看到、知道的事实进行推测的时候用。其他形式还有 '-겠군요', '-겠어요' 等。

보기 例　맛있**겠네요**.　一定很好吃吧。

가 : 어제 늦게까지 일했습니다.　昨天工作到很晚。

나 : 피곤하시**겠어요**.　一定很疲倦吧。

가 : 그 친구는 한국에서 10년 살았습니다.　那个朋友在韩国生活了10年。

나 : 그럼 한국말을 잘하**겠군요**.　那么韩语说得一定很好吧。

1

보기

12월 25일은 공휴일이다

12월 25일은 공휴일이지요?

(1) 오늘 오후에 약속이 있다 (2) 가족들이 보고 싶다 (3) 저분이 사장님이시다

(4) 서울에서 혼자 살다 (5) 찜질방에 아직 안 가 봤다

2

보기

좀 춥다

가 : 좀 춥지요?
나 : 네, 추워요.
　　아니요, 춥지 않아요.

(1) 비행기 시간이 3시이다 (2) 지금 사장님 계시다

(3) 쇠고기가 돼지고기보다 비싸다

(4) 한국 신문을 읽으시다

(5) 제가 보낸 편지 받으셨다

3

보기

만날 시간이 없다

가 : 내일은 수업도 있고 아르바이트도 있어요.
나 : 만날 시간이 없겠네요.

(1) 불어를 잘하다

저는 프랑스에서
대학교에 다녔어요.

(2) 피곤하다

어제 회사 일이
밤 12시쯤 끝났어요.

(3) 맛있는 요리를 많이 먹을 수 있다

제 남편은 요리사예요.

(4) 좋았다

어제 공연에 내가 좋아하는
가수들이 많이 나왔어요.

(5) 회사에 늦었다

어제 자동차로 출근하는데
차가 고장 났어요.

 14-06

단어 生词　　□ 공휴일 公休日　□ 불어 法语　□ 고장 나다 出故障

1 듣고 이어지는 대답을 고르십시오. 14--07
听后选出正确 "答复"。

(1)

① 네, 없어요.

② 아니요, 내일이에요.

③ 네, 있어요.

(2)

① 잡채요? 먹고 싶겠네요.

② 그래요? 맛있겠네요.

③ 정말 맛있었지요?

(3)

① 옛날에는 잘 쳤는데 요즘은 잘 못 쳐요.

② 테니스 치면서 놀았지요?

③ 전에는 재미있었는데 잘하겠네요.

(4)

① 정말 기쁘군요.

② 바쁘시겠네요.

③ 재미있었겠네요.

(5)

① 좋지요?

② 좋았네요.

③ 좋겠네요.

(6)

① 네, 드라마가 재미있지요?

② 네, 드라마를 좋아해서요.

③ 네, 드라마를 많이 보겠네요.

이렇게 비가 오는 날에는

제니 : 어제도 하루 종일 비가 왔는데 오늘도 오네요.

상우 : 이렇게 비가 오는 날에는 칼국수나 파전을 먹으면 맛있는데……. 칼국수 아시지요?

제니 : 네, 알아요. 하지만 비 오는 날에 왜 그런 음식이 좋으세요?

상우 : 비가 오면 덥지 않고 시원하니까 따뜻한 국물이 먹고 싶은데, 제니 씨는 그렇지 않으세요?

제니 : 저는 잘 모르겠어요. 그런데 재미있네요. 그럼 추운 겨울에는 어떤 음식이 좋아요?

상우 : 글쎄요. 아, 길에서 파는 군고구마는 추운 겨울에 먹으면 맛있어요. 호떡이나 찐빵도 겨울에 많이 먹는데 먹어 봤어요?

제니 : 군고구마는 먹어 봤는데 호떡, 찐빵은 아직 먹어 보지 못했어요.

상우 : 그런 건 아주 추운 날에 먹으면 맛있으니까 올 겨울에는 꼭 먹어 보세요. 오늘 점심에는 칼국수나 먹으러 갈까요?

제니 : 네, 그래요. 이런 날에는 향기 좋은 커피 한 잔 마시고 싶은데…….

1   비가 오는 날에 왜 칼국수가 좋습니까?

2   겨울에 먹으면 맛있는 것은 어떤 것들입니까?

3   여러분 나라의 음식 중에서 날씨와 관계있는 것이 있으면 말해 보십시오.

단어 生词 14-08

□ 하루 종일 **一整天**	□ 칼국수 **刀切面**	□ 국물 **汤**
□ 군고구마 **烤红薯**	□ 호떡 **油饼**	□ 찐빵 **红豆沙包**
□ 향기 **香**		

눈이 올 때 뭐 하셨어요?
下雪的时候你做了什么?

15-01

야마다 : 어제 정말 눈이 많이 오지 않았어요? 눈이 올 때 뭐 하셨어요?

이리나 : 전 사무실에서 일하고 있었어요. 야마다 씨는요?

야마다 : 전 눈을 맞으면서 걸어 다녔어요.

이렇게 눈이 많이 오는 건 처음 봤어요.

이리나 : 일본도 눈이 많이 오지 않아요?

야마다 : 북쪽은 많이 오는데 제가 사는 곳은 남쪽이니까 눈이

거의 안 와요. 이런 날은 스키 타러 가면 재미있는데…….

이리나 : 토요일에 친구들하고 스키 타러 갈 건데 같이 가시겠어요?

15-02

◎ 단어 生词

- 정말 真
- 눈을 맞다 迎雪
- 걸어 다니다 散步
- 북쪽 北方
- 남쪽 南方
- 거의 几乎

山田　：你不觉得昨天的雪下得真的很大吗？下雪的时候你做了什么？

伊利娜：我在办公室工作了。你呢？

山田　：我迎着雪花散步了。这么大的雪还是第一次见到。

伊利娜：日本不也下很多雪吗？

山田　：北方下得多，可是我住的地方是南方，所以几乎不下雪。

　　　　这样的天气去滑雪，会很好玩……

伊利娜：星期六我跟朋友们去滑雪，一起去吗？

문법

语法

1 -(으)ㄹ 때

⤷ 与动词，形容词词干结合表示动作或状态进行的始点。'-았/었을 때'是前句动作完了的时间既是后句动作发生的时间。有些名词后用'때'的话指那动作进行的时间。

보기 例　커피가 뜨거울 **때** 드세요.　咖啡趁热喝吧。

방학 때 뭘 하려고 합니까?　假期打算做什么？

작년에 한국에 왔을 **때** 부산에 가 봤어요.　去年来韩国的时候去过釜山。

방학 **때** 뭘 하려고 합니까?　假期打算做什么？

2 -(으)ㄹ 것이다

⤷ 第一人称作主语时表示人的意志，第三人称作主语时表示推测。词干后无收音时用'-ㄹ 것이다'，有收音时用'-을 것이다'。

보기 例　저녁에 집에 있을 **거예요**.　晚上会待在家里。

졸업 후에 뭐 할 **거예요**?　毕业后会做什么？

주말이니까 고속도로에 차가 많을 **거예요**.　因为是周末高速公路上会有很多车。

1

이 배우가 멋있다

가 : 이 배우가 멋있**지 않아요**?
나 : 네, 멋있**어요**.

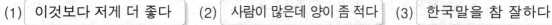

(1) 이것보다 저게 더 좋다   (2) 사람이 많은데 양이 좀 적다   (3) 한국말을 참 잘하다

(4) 지난 주말에 정말 재미있었다   (5) 시험이 좀 어려웠다

2

보기

초등학생 / 수영을 배웠어요.

초등학생 **때** 수영을 배웠어요.

가족들이 보고 싶다 / 사진을 봐요.

가족들이 보고 싶**을 때** 사진을 봐요.

120

(1) 어제 저녁 / 친구에게서 연락이 왔어요.

(2) 학생 / 공부를 열심히 하지 않았어요.

(3) 백화점 세일하다 / 양복을 사려고 해요.

(4) 텔레비전이 고장 났다 / 서비스센터에 연락했어요.

(5) 같이 여행 갔다 / 이야기를 많이 했어요.

3

머리가 아프다

가 : 이건 언제 먹는 약이에요?
나 : 머리가 아플 때 먹는 약이에요.

(1) 작년 휴가

중국 여행을 언제 하셨어요?

(2) 시험

학생들이 언제 공부를 제일 열심히 해요?

(3) 부산에 사는 친구 집에 가다

KTX를 언제 타 보셨어요?

(4) 날씨가 덥다

삼계탕을 언제 많이 먹어요?

(5) 지난번에 한국에 왔다

인사동에 언제 가 보셨어요?

4

| 가족들하고 집에 있다 |

가 : 설날 연휴에 어디에 가실 거예요?
나 : 가족들하고 집에 있을 거예요.

(1) 회사에 취직하다

학교를 졸업하면 뭐 하실 거예요?

(2) 잘할 수 있을 때까지 공부하다

언제까지 한국말을 배우실 거예요?

(3) 갖고 싶은 카메라를 사다

보너스를 받으면 뭐 하시려고
해요?

(4) 저녁을 먹고 클럽에 가서 놀다

친구들을 만나서 뭐 할 거예요?

(5) 아니요, 저는 가지 않다

제니 씨도 같이 스키 타러 가세요?

단어 生词　□ 초등학생 小学生　□ 서비스센터 服务中心　□ 갖다 要　□ 클럽 俱乐部

1 듣고 맞으면 O, 틀리면 X 하십시오. 15-08
听后正确的用 O, 错误的用 X 表示。

(1) 여자는 내일 여행을 가려고 합니다. ☐

(2) 남자는 지난 가을에 제주도에 가 보았습니다. ☐

(3) 여자는 제주도에 갈 때 부산에서 배를 타고 갑니다. ☐

(4) 여자와 같이 여행가는 친구의 집이 제주도입니다. ☐

(5) 지금은 여름이 아닙니다. ☐

MEMO

심심할 때 뭘 하세요?

아래의 내용으로 옆 사람에게 인터뷰를 합시다.
用下列内容采访旁边的人。

	리밍 씨	_____ 씨	_____ 씨	_____ 씨
보통 언제 술을 마셔요?	기분 좋은 일이 있을 때			
언제 고향/ 가족 생각이 나요?	한국에서 몸이 아플 때			
언제 택시를 타세요?	시간이 없을 때			
언제 첫사랑이 생각나요?	비슷한 사람을 봤을 때			
언제 정장/치마를 입어요?	약속이 있을 때			
심심할 때 뭘 하세요?	인터넷을 해요.			
화가 날 때 어떻게 하세요?	자요.			
감기 걸렸을 때 뭘 먹으면 좋아요?	뜨거운 것			
지금까지 제일 기뻤을/ 슬펐을 때가 언제예요?	대학교에 합격했을 때			

맛 味道，味觉

달다

맵다

짜다

싱겁다

쓰다

시다

느끼하다

고소하다

한국 문화 엿보기 了解韩国文化

腌泡菜

以前，冬天的时候没法种菜，所以，要将过冬吃的泡菜一次性地准备好。这就是腌泡菜。腌泡菜要赶在疏菜都被冻住前做好，最好是从11月末到12月初的这段时期。

韩国冬季很长，而腌泡菜被称之为"整个寒冬的食粮"，可见人们对腌泡菜的重视。一般一个5-6个人的家庭就要准备100颗左右的白菜。泡菜腌好后，为了保持新鲜，要放进泡菜缸里埋到地下储藏起来。

现在，四季都可以种疏菜，也有了很多制作泡菜的工厂，所以越来越多的人开始买着吃。但是，大部分人到了冬天还是会腌泡菜。不同的是，以前储存腌泡菜是放入泡菜缸里埋到地下，而现在更普遍的则是用泡菜冰箱，使之维持与冬天地底一样的温度。

제16과 취미로 배우기 시작했어요
当作爱好学的

16-01

앙리 : 히로미 씨는 언제부터 한국말을 배우셨어요?

히로미 : 대학교 때 취미로 배우기 시작했어요.

앙리 : 그때부터 계속 공부하신 거예요?

히로미 : 아니요, 학교 졸업 후에는 하지 않았는데 올해 다시
공부하기 시작했어요. 앙리 씨는요?

앙리 : 저는 한국에 와서 배우기 시작했어요.
한국에서 사는 동안 필요해서요.

히로미 : 앙리 씨는 한국 친구가 많죠? 전 한국에 아는
사람이 없으니까 말할 기회가 거의 없어요.

🔘 16-02

◎ 단어 生词

　□ 계속 持续，一直　　　　　□ 올해 今年　　　　　□ 필요하다 需要
　□ 기회 机会

亨利　：　宏美，你是从什么时候开始学韩语的？

宏美　：　上大学的时候当作爱好学的。

亨利　：　从那时候开始就一直学吗？

宏美　：　不，大学毕业以后就没再学。今年重新开始学的。你呢？

亨利　：　我是来韩国以后开始学的。在韩国生活期间，就有这个需要。

宏美　：　亨利，你有很多韩国朋友吧？我在韩国没有认识的人，所以几乎没有说话的机会。

语法

1 -(으)로

↳ 表示"资格"的助词。

보기 例　우리 학교에서는 이 책을 교과서로 쓰고 있습니다.　我们学校用这本书作教材。

　　　　생일 선물로 목걸이를 받았어요.　作为生日礼物收到了项链。

　　　　지금 교환학생으로 그 학교에 다니고 있습니다.　作为交换生在那所学校上学。

2 -는 동안

↳ 与动词词干结合表示某一动作或状态持续的时间内。接名词后，则表示那段时间。

보기 例　제가 없는 동안 잘 지내셨어요?　我不在的这段时间过得好吗？

　　　　기다리는 동안 거기 있는 잡지를 읽으세요.　等待期间看看那边的杂志吧。

　　　　이 하숙집에서 두 달 동안 살았어요.　在这家寄宿房里住了2个月。

1

보기

가 : 졸업 선물로 뭘 받았어요?
나 : 전자 사전을 졸업 선물로 받았어요.

(1) 식사 후에 디저트로
무엇을 먹어요?

(2) 회사에서 여기를
무엇으로 쓰고 있어요?

(3) 돌잔치에 갈 때 무엇을
선물로 줍니까?

(4) 그 대학에서 무엇으로
일하고 있습니까?

(5) 취미로 무엇을 하세요?

2

보기

지난주

가 : 언제부터 요가를 배웠어요?
나 : 지난주부터 요가를 배우기 시작했습니다.

(1) 아침

언제부터
배가 아팠어요?

(2) 6개월 전

언제부터
한국말을 배웠어요?

안녕하세요

(3) 2005년

언제부터
이 집에서 살았어요?

(4) 대학교 졸업 후

언제부터
그 회사에서 일했어요?

(5) 스무 살 때

언제부터
담배를 피웠어요?

3

16-05

보기

지난 겨울방학 / 유럽 여행을 했어요.

지난 겨울방학 **동안** 유럽 여행을 했어요.

친구를 기다리다 / 책을 읽어요.

친구를 기다리는 **동안** 책을 읽어요.

(1) 20년 / 은행에서 일했어요.

(2) 한 달 / 다이어트를 하려고 해요.

(3) 이 약을 먹다 / 술을 마시지 마세요.

(4) 일하다 / 컴퓨터를 사용하면 편해요.

(5) 한국에서 살다 / 한국 드라마를 많이 봤어요.

4

보기

아이가 자다

가 : 언제 집안일을 하세요?
나 : 아이가 자는 동안 집안일을 해요.

(1) **한 1년**

공연 준비를 얼마나 하셨어요?

(2) **2주일**

며칠 동안 입원했어요?

(3) **아침마다 회사에 가다**

한국어 CD를 언제 들으세요?

(4) **같이 여행을 하다**

그 친구하고 언제 이야기를 많이
했어요?

(5) **제가 중국에서 살다**

중국 요리는 언제 배우셨어요?

단어 生词 　□ 디저트 **点心** 　□ 돌잔치 **周岁宴席** 　□ 다이어트 **减肥** 　□ 집안일 **家务**

1 듣고 맞으면 O, 틀리면 X 하십시오. 🔘 16-08

听后正确的用 O，错误的用 X 表示。

(1) ① 이 여자는 오늘 저녁에 시간이 없습니다. ▢

② 이 여자는 한국말 공부를 혼자서 하고 있습니다. ▢

③ 이 여자는 일할 때 필요해서 한국말을 열심히 공부합니다. ▢

(2) ① 이 남자는 고등학생 때 음악을 좋아했습니다. ▢

② 이 여자는 초등학생 때부터 계속 피아노를 배우고 있습니다. ▢

③ 이 남자는 기타를 잘 치고 이 여자는 피아노를 잘 칩니다. ▢

(3) ① 이 여자는 1년 전에 한국에 왔습니다. ▢

② 이 남자는 선물로 사진을 받았습니다. ▢

③ 이 사람들은 한국에서 함께 일을 했습니다. ▢

MEMO

한국말을 잘하고 싶은데

에밀리 : 다나카 씨, 요즘도 한국어학원에 다니시죠? 이제는 잘하시겠네요.

다나카 : 아니에요. 한국말을 잘하고 싶은데 아직도 발음이 잘 안되고 특히 듣기 연습을 할 때 잘 못 듣겠어요.

에밀리 : 저도 그래요. 책을 보면 알겠는데 말하는 걸 들으면 모르겠어요. 다나카 씨는 쓰기나 문법은 잘하시지 않아요?

다나카 : 문법은 일본어하고 비슷한 게 많으니까 이해하기는 어렵지 않은데 말할 때는 많이 틀려요.

에밀리 : 저는 처음 한국말 배울 때 문법이 제일 힘들었어요. 그리고 제가 말하면 한국 사람들이 잘 알아듣지 못하니까 창피할 때도 많았고요.

다나카 : 저는 실수하지 않으려고 너무 많이 생각해서 말을 못할 때도 많아요. 에밀리 씨는 저보다 한국말을 잘하시는데, 어떻게 하면 한국말을 잘할 수 있어요?

1 다나카 씨는 한국말의 무엇이 어렵습니까?

2 에밀리 씨는 책을 읽는 것과 듣는 것 중에서 어느 것이 쉽습니까?

3 에밀리 씨는 왜 창피했습니까?

4 다나카 씨는 왜 말을 못할 때가 많습니까?

5 여러분은 무엇이 어렵습니까? 그리고 한국말을 공부하는 좋은 방법이 있으면 소개해 보십시오.

□ 특히 **特别**	□ 비슷하다 **差不多**	□ 틀리다 **错**
□ 알아듣다 **听懂**	□ 창피하다 **丢脸**	□ 실수하다 **犯错误**

휴대전화　移动电话(手机)

배터리를 충전하다 （给电池）充电

전원을 켜다/끄다 开/关电源

번호를 누르다 **拨号码**

통화하다 **通话**

번호를 저장하다 **存号码**

문자메시시를 보내다 **发短信**

벨/진동 **铃声/振动**

비밀번호 **密码**

자동응답 **自动应答**

단축번호 **单键号码/单键拨号**

알람 **闹钟**

이것 좀 도와주시겠어요?
能帮我一下吗?

🔘 17-01

민 지 : 야마다 씨, 바쁘지 않으면 이것 좀 도와주시겠어요?

야마다 : 네, 괜찮아요. 뭔데요?

민 지 : 일본 친구가 보낸 편지인데 모르는 말이 많이 있네요.

야마다 : 어디 봅시다. 이따가 번역해서 이메일로 보내 드릴까요?

민 지 : 그래 주시겠어요? 정말 고맙습니다.

야마다 : 뭘요. 어려운 일도 아닌데요. 다음에 저한테 차 한 잔 사세요.

🔘 17-02

◎ 단어 生词

▫ 도와주다 **帮忙**　　　　　▫ 보내다 **寄**　　　　　▫ 번역하다 **翻译**

敏智 : 山田，不忙的话能帮我一下吗?

山田 : 嗯，好的。什么事?

敏智 : 日本朋友寄了一封信给我，但是有很多我不明白的词。

山田 : 让我看看吧。一会儿翻译完就发邮件给你，好吗?

敏智 : 可以吗? 非常感谢。

山田 : 哪里。又不是什么难事。以后请我喝杯茶吧。

 문법　　　　　　　　　　　　　　　　　　　　　　　　　语法

1 -아/어 주다

⤷ 接动词词干后表示为别人做某事情。使用敬语尊称某个人(动作的受惠者)时，用 '-아/어 드리다'。

보기 例　내일 전화해 **주세요**.　明天给我打电话吧。

친구에게 맛있는 음식을 만들어 **주고** 싶어요.　想给朋友做好吃的菜。

제가 도와 **드릴까요**?　需要我帮忙吗?

2 -(으)ㄴ데요

⤷ '-(으)ㄴ데'(参考10课语法1)常用在文章结尾。包含多层含蓄意义，一般在与对方持不同意见或以说明的语气委婉表达自己的意见的时候使用。

보기 例　가 : 지현 씨 계시면 좀 바꿔 **주시겠어요**?　智贤在的话能让她接一下电话吗?

나 : 지금 안 계**신데요**.　现在不在。

가 : 김치찌개가 좀 짜지 **않아요**?　泡菜汤是不是有点咸?

나 : 맛있**는데요**.　挺好吃的。

보기 **例**　가 : 어떻게 오셨어요?　您找哪位?

　　　나 : 부장님 좀 만나러 **왔는데요**.　我来找部长。

* 听对方的话之后反问时与疑问词一起使用。

보기 **例**　가 : 이 사진 좀 보세요.　看看这张照片吧。

　　　나 : 이 사람이 **누군데요**?　这是谁啊?

　　　가 : 이거 받으세요.　把这个收下吧。

　　　나 : 이게 **뭔데요**?　这是什么?

유형연습

句型练习

1

보기

다시 한번 설명하다

가 : 다시 한번 설명해 주시겠어요?
나 : 네, 다시 한번 설명해 드리겠습니다.

(1) 여기에 쓰다　　(2) 천천히 말하다　　(3) 사진을 찍다

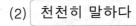

(4) 이것을 김 과장님께 전하다　(5) 팩스로 서류를 보내다

2

17-04

보기

연필을 빌리다

가 : 연필을 안 가지고 왔어요.
나 : 연필을 빌려 드릴까요?
가 : 네, 좀 빌려 주세요.

(1) 제가 같이 가다

남산 타워에 가는 길을
잘 모르겠어요.

(2) 한국 친구를 소개하다

한국 친구를
사귀고 싶어요.

(3) 에어컨을 켜다

좀 덥지 않아요?

(4) 같이 들다

책상이 무겁네요.

(5) 그 일을 돕다

오늘 정말 바쁘네요.

3

좀 작다

가 : 이 구두가 예쁜데 사세요.
나 : 좀 작은데요.

(1) 저는 괜찮다

추우면 히터를 켤까요?

(2) 아니요, 별로 맵지 않다

찌개가 좀 맵지 않아요?

(3) 쉬운 말밖에 못하다

스페인어 잘하면 좀 가르쳐 주세요.

(4) 천 원이 모자라다

거스름돈이 맞지요?

(5) 시간이 늦었다

한 잔 더 할까요?

4

몇 번이나

가 : 저는 한국에 여러 번 왔어요.
나 : 몇 번이나 왔는데요?

(1) 어디가

지난 주말에 많이 아팠어요.

(2) 몇 시에

아침에 너무 일찍 일어나서 졸리네요.

(3) 음식점 이름이 뭐

음식점을 인터넷에서 찾을 수 있어요?

(4) 누구 콘서트를

내일 콘서트를 보러 갈 건데 기대가 돼요.

(5) 무슨 부탁을

친구가 부탁을 했는데 거절했어요.

단어 生词 □ 설명하다 **说明** □ 천천히 **慢慢地** □ 전하다 **交给** □ 팩스 **传真** □ 서류 **文件**
□ 켜다 **开** □ 거스름돈 **零钱** □ 모자라다 **缺** □ 졸리다 **困** □ 기대가 되다 **期待**
□ 부탁 **拜托** □ 거절하다 **拒绝**

1 듣고 맞는 것을 고르고 빈칸에 쓰십시오. 🔘 17-08
听后选出正确项填空。

	그림번호	어떤 문제가 있습니까?	어떻게 해결했습니까?
(1)			
(2)			
(3)			

① ② ③

안내해 드릴까요?

준비물: 문제 카드 (10장), 해결 카드 (10장)

방 법: 학생들이 각각 카드를 나누어 갖고 문제를 해결해 줄 수 있는 상대를 찾아
대화 연습을 합니다. 해결 카드가 없는 사람은 "죄송합니다. _____."라고
말합니다.

准备物 : 提问卡(10张)，解决卡(10张)

方 法 : 每人分得一张卡，寻找可以解决问题的对象。没有解决卡的人就说"对不起。_____。"

> **보기**
>
> 가 : 서울에서 좋은 곳을 구경하고 싶어요. 그런데 저는 길을 잘 몰라요.
>
> 나 : 제가 잘 알아요. 안내해 드릴까요? (죄송합니다. 저도 길을 잘 모르는데요.)
>
> 가 : 감사합니다. 좀 안내해 주세요.

잡채를 만들어 보고 싶어요. 하지만 방법을 몰라요.	제 가방은 가벼워요. (같이 들어 드리다)	경치가 좋아서 사진을 찍고 싶어요. 그런데 지금 카메라가 없어요.	잡채를 만들 수 있어요. (가르쳐 드리다)
저한테 카메라가 있어요. (찍어 드리다)	가방이 너무 무거워요.	제 고향이 지방이어서 사투리를 할 수 있어요. (가르쳐 드리다)	한국의 사투리를 배우고 싶어요.
교과서를 안 가지고 왔어요.	저한테 두 권 있어요. (빌려 드리다)	컴퓨터가 고장이 났는데 고치는 방법을 몰라요.	저는 컴퓨터 기사예요. (고쳐 드리다)
어제 영화를 봤어요. (이야기해 드리다)	심심해요. 재미있는 이야기를 듣고 싶어요.	오늘 오후에 시간이 있어요. (도와 드리다)	숙제가 있는데 너무 어려워서 혼자 할 수 없어요.
한국 친구를 많이 만나고 싶어요.	한국 친구가 많아요. (소개해 드리다)	전화번호를 너무 빨리 말해서 잘 듣지 못했어요.	제가 그 번호를 알고 있어요. (써 드리다)

제18과 통장을 만들려고 하는데요
我想办个存折

🔘 18-01

피에르 : 통장을 만들려고 하는데요. 뭐가 있어야 해요?

직 원 : 여기 신청서 써 주시고요, 여권 좀 주시겠어요?

피에르 : 네, 여기요. 그리고 현금 카드도 같이 신청하고 싶은데요.

직 원 : 그러면 여기하고 여기에 서명 좀 해 주세요.

피에르 : 그 카드로 송금도 돼요?

직 원 : 네, 송금도 하실 수 있어요. 그리고 비밀번호를 정해야
하는데요.

◉ 단어 生词

□ 통장 存折
□ 현금 카드 现金卡
□ 송금 寄钱

□ 신청서 申请书
□ 신청하다 申请
□ 비밀번호 密码

□ 여권 护照
□ 서명하다 签字

피에르 : 我想办个存折。都需要些什么?

职员 : 先填一下这张申请书,然后给我看一下护照。

피에르 : 好的,给你。顺便还想申请现金卡。

职员 : 那么在这儿和这儿签一下名。

피에르 : 用那张卡可以寄钱吗?

职员 : 是,可以寄钱。另外,请设一下密码。

 문법

 语法

1 -아/어야 하다

↳ 接谓词词干后,表示"义务""应该为之"。也可以用'-어야 되다'。

보기 例 내일까지 이 책을 읽어야 해요. 明天要看完这本书。

학생은 공부를 열심히 해야 해요. 学生应该努力学习。

이 일을 제가 해야 돼요? 这件事情非由我来做吗?

1

> 보기
>
> 수영하기 전에 준비 운동을 하다
>
> 수영하기 전에 준비 운동을 해야 합니다.

(1) 여권을 가지고 가다

(2) 내일까지 돈을 내다

(3) 미리 예약을 하다

(4) 좋은 책을 많이 읽다

(5) 선생님이 하는 말을 잘 듣다

2

> 보기
>
> 8시까지 출근하다
>
> 가 : 출근 시간이 몇 시예요?
> 나 : 8시까지 출근해야 해요.

(1) 약속이 있어서 일찍 가다

퇴근 후에 한잔합시다.

(2) 다음 주에 시험이 있으니까 공부하다

이번 주말에 시간이 있어요?

(3) 식사 후에 먹다

이 약은 언제 먹어요?

(4) 손님이 많아서 30분쯤 기다리다

지금 주문하면 얼마나 기다려야 돼요?

(5) 3호선을 타다

제가 경복궁에 가려고 하는데 몇호선을 타야 돼요?

3

보기

교환

가 : 교환이 돼요?
나 : 네, 교환이 돼요.
　　아니요, 교환이 안 돼요.

(1) 배달

(2) 할인

(3) 주차

(4) 환불

(5) 좌회전

4

날씨가 좋아서 산책하고 싶다

가 : 식사하고 뭐 할까요?

나 : 날씨가 좋아서 산책하고 싶은데요.

(1) 아주 넓고 좋다

제가 사는 집이에요.

(2) 주인공도 멋있고 재미있다

이 드라마가 어때요?

(3) 한국말을 잘하다

가나다학원에서 한국말을 배우고 있어요.

(4) 저도 등산을 좋아하다

제 취미는 등산이에요.

(5) 어머니께서 미인이시다

이분은 제 어머니예요.

단어 生词 □ 준비 운동 **准备运动** □ 내다 **付** □ 미리 **预先** □ 교환 **交换** □ 배달 **送** □ 할인 **打折**
□ 주차 **停车** □ 환불 **退钱** □ 좌회전 **右拐** □ 주인공 **主人公** □ 미인 **美女**

듣기 听力

1 듣고 대답을 쓰십시오. 🔘 18-08

听后写答案。

2(일)	3(월)	4(화)	5(수)	6(목)
·집청소 ·세탁소에서 옷찾기	·오전10시 회의 (회의실)	·한국만 수업 오전7시 (학원)	·부모님께 소포보내기 ·통장과 카드만들기	·한국말 수업 오전7시 (학원)

(1)

(2)

(3)

2 듣고 대답을 쓰십시오. 🔘 18-09

听后写答案。

하나치과

·진 료 시 간 : 월·화·목요일　10:00~19:00
　　　　　　　　수·금요일　　10:00~22:00
　　　　　　　　토요일　　　 10:00~13:00
·점 심 시 간 : 13:00~14:00
·일요일·공휴일 휴무
·예약·상담 : (02) 332-2875

(1)

(2)

(3)

(4)

환전

저는 오늘 혼자 환전을 하러 은행에 갔습니다. 은행에 혼자 간 것이 처음이기 때문에 좀 긴장이 되었습니다. 환전 창구가 있는 2층으로 갔습니다. 다른 사람이 상담 중이어서 잠시 기다렸습니다. 의자에 앉아서 기다리는 동안 직원에게 할 말들을 작은 소리로 연습했습니다. 앞사람의 상담이 끝나서 저는 창구로 갔습니다.

은행원 : 고객님, 뭘 도와 드릴까요?

마이클 : 달러를 원으로 바꾸려고 하는데요.

은행원 : 얼마나 바꾸시려고요?

마이클 : 500불인데 오늘 환율이 어떻게 돼요?

은행원 : 1달러에 1,150원입니다. 어떻게 드릴까요?

마이클 : 모두 현금으로 주세요.

은행원 : 여권 좀 주시겠어요?

마이클 : 네, 여기 있습니다.

은행원 : (돈을 주면서) 확인해 보십시오.

마이클 : (돈을 센 후에) 맞습니다. 감사합니다.

1 윗글을 읽고 빈칸을 채우십시오.

(1) 이 사람은_____(으)러 은행에 갔습니다.

(2) 이 사람은 _____아/어서 좀 긴장이 되었습니다.

(3) 이 사람은 _____을/를 _____ (으)로 바꿨습니다.

단어 生词   🔘 18-10

▫ 환전 换钱	▫ 긴장이 되다 紧张	▫ 창구 窗口
▫ 잠시 一会儿	▫ 직원 职员	▫ 소리 声
▫ 환율 汇率	▫ 확인하다 确认	▫ 세다 数
▫ 맞다 没错		

활동

练一练

단어 퍼즐

1				5		
2		3		6		7
		4				
	8			12	13	
9, 10		11			14	
			15			

가로 열쇠

2. 개의 새끼, 어린 개입니다.
4. 책도 빌리고 공부도 하는 곳입니다.
6. 여름에 많이 먹습니다. 비빔○○도 있습니다.
10. 차를 세워 놓는 곳입니다.
12. 쉬는 날입니다.
14. 신문사나 잡지사 등에서 기사를 쓰는 사람입니다.
15. 길을 건널 때 여기로 건넙니다.

세로 열쇠

1. 서울에 있는 큰 강입니다.
3. 땅과 바다의 모습을 간단하고 작게 그린 것입니다.
   세계○○, 서울○○
5. 오래된 물건이나 자료 등을 전시하는 곳입니다.
7. 남자들이 수염을 깎을 때 사용하는 것입니다.
8. 차나무 잎으로 만든 차입니다.
9. 물건을 넣을 수 있는 것이고 옷에도 있습니다.
11. 추울 때 또는 일을 할 때 손에 끼는 것입니다.
13. 날씨를 미리 알려 주는 것입니다.

1 한				5 박		
2 강	아	3 지		6 물	냉	7 면
		4 도	서	관		도
						기
	8 녹			12 휴	13 일	
9,10 주	차	11 장			14 기	자
머		갑			예	
니			15 횡	단	보	도

해답 答案
1.한강 2.강아지 3.지도 4.도서관
5.박물관 6.물냉면 7.면도기 8.녹차
9.주머니 10.주차장 11.장갑 12.휴일
13.일기예보 14.기자 15.횡단보도

제19과 일본에 부치려고 하는데 얼마나 걸려요?
想寄到日本, 需要多长时间?

🔘 19-01

히로미 : 이걸 일본에 부치려고 하는데, 얼마나 걸려요?

직 원 : 요즘 연말이라서 보통우편으로 하시면 2주일쯤 걸려요.

히로미 : 2주일이나요? 좀 더 빠른 건 없어요?

직 원 : 특급우편이 있는데, 값이 2배 정도예요. 내용이 뭐예요?

히로미 : 책이에요. 보통우편으로 보내 주세요.

직 원 : 네, 거기 올려놓으세요. 여기에 주소와 이름도 써

주시고요. 25,000원입니다.

19-02

◎ 단어 生词

- 부치다 寄
- 특급우편 特快专递
- 내용 内容

- 연말 年末
- -배 倍
- 올려놓다 放上面

- 보통우편 普通邮件
- 정도 左右

宏美 :	想把这个寄到日本，需要多长时间？
职员 :	最近是年末，普通邮件得两个星期左右。
宏美 :	两个星期?有没有快一点的?
职员 :	有特快专递，价格是两倍。要寄什么？
宏美 :	书。那普通邮件吧。
职员 :	好的，放那上面吧。这里写上地址和名字。25,000元。

문법   语法

1 -(이)라서

‣ '-이다' 或 '아니다' 与 '-어서' (参考2课语法1)结合而成。 '-이어서', '아니어서'一般多用 '-(이)라서', '아니라서'。

보기 例   직접 손으로 만든 거라서 비쌉니다.   这是纯手工制作的，所以很贵。

주말이라서 백화점에 손님이 많습니다.   因为是周末，百货大楼有很多客人。

저는 그 학교 학생이 아니라서 건물 위치를 잘 모릅니다.
我不是那所学校的学生，所以对建筑物所在位置不太清楚。

2 -(이)나

‣ 助词，接数量词之后，强调数量多。

보기 例   손님이 500명이나 왔어요.   来了五百位客人。

불고기가 맛있어서 혼자 3인분이나 먹었어요.   烤肉味道好，一个人吃了三份。

가 : 친구를 한 시간쯤 기다렸어요.   等朋友等了差不多一个小时。
나 : 한 시간이나요?   一个小时?

19-03

1

보기

> 우리 집은 아파트이다 / 마당이 없어요
>
> 우리 집은 아파트**라서** 마당이 없어요.

(1) 거긴 대학교가 많은 곳이다 / 젊은 사람들이 많아요.

(2) 지금 시험 때이다 / 학교 도서관에 자리가 없어요.

(3) 혼자 가는 여행은 처음이다 / 좀 걱정이 됩니다.

(4) 그 산은 높은 산이 아니다 / 금방 올라갈 수 있었어요.

(5) 제가 전문가가 아니다 / 잘 모르겠습니다.

2

19-04

보기

> 휴가
>
> 가 : 이번 주에 왜 회사에 안 가요?
> 나 : 휴가라서 안 가요.

(1) 세일 기간

평일인데 왜 이렇게
사람이 많아요?

(2) 사무실은 금연

사람들이 사무실에서
담배를 안 피우네요.

(3) 손으로 만든 거

이 가방은
왜 이렇게 비싸요?

(4) 제 책이 아니다   (5) 교통 카드가 아니다

이 책 좀
빌려 줄 수 있어요?

이 카드로 지하철이나
버스 요금을 낼 수 있어요?

3

보기

가 : 날마다 집에서 세 시간쯤 공부해요.
나 : 세 시간이나 공부해요?

(1) 어젯밤에 친구하고 맥주를 10병쯤 마셨어요.

(2) 저는 그 영화를 7번 봤어요.

(3) 한국 친구가 20명쯤 있어요.

(4) 한국어 교과서를 6권 샀어요.

(5) 어제 쇼핑하면서 30만 원 썼어요.

단어 生词   □ 마당 **院子**   □ 젊다 **年轻**   □ 자리 **座位**   □ 금방 **马上**   □ 전문가 **专家**
           □ 금연 **禁烟**   □ 손 **手**

1 듣고 대답하십시오. 🔘 19-07

听后回答。

(1) 이 사람이 주문한 것은 무엇입니까?

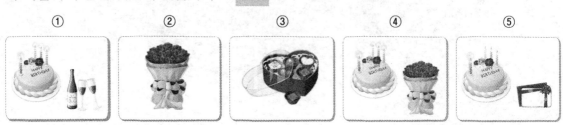

(2) 이 사람은 왜 주문하려고 합니까?

(3) 언제 배달이 됩니까?

2 듣고 대답하십시오. 🔘 19-08

听后回答。

(1) 이 사람은 처음에 무슨 요일 공연을 예약하려고 했습니까?

(2) 주말 공연 표가 왜 없습니까?

(3) 이 사람이 예약한 표는 무엇입니까?

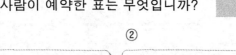

같이 편지를 써 봅시다

보기 와 같이 학생들에게 편지지를 한 장씩 주고 위에서부터 한 줄씩 쓰고 옆사람에게 넘깁니다. 편지를 완성한 후에 함께 쓴 편지들을 발표합니다.

按照例子给每个学生发一张信纸，让学生每人写一行句子再递给旁边的学生。写完信后，一起发表写好的信。

보기

받는 사람	리밍 씨께
인사/안부 묻기	그동안 잘 지내셨어요?
날씨	여기 베이징은 겨울이라서 날씨가 추운데 서울도 많이 춥죠?
자기 생활	저는 이곳에서 잘 지내고 있어요. 중국어 공부도 재미있고 친구도 많이 사귀었어요.
편지를 쓴 이유	다음 주에 시험을 봐요. 시험이 끝나면 방학이라서 한국에 가려고 해요.
	다른 친구들하고 같이 한번 만나고 싶어요.
	한국에 도착하면 다시 연락드리겠습니다.
끝인사	추운 날씨에 건강 조심하세요. 안녕히 계세요.
날짜	20XX년 11월 29일
보내는 사람	베이징에서 진호올림

보내는 사람
베이징에서 김진호

우표

받는 사람
서울시 마포구 동교동 500-21 하나레지던스 1003호
리밍 귀하

321-987

게임 **游戏**	껌 **口香糖**
노트북 **笔记本电脑**	로션 **乳液，化妆水**
립스틱 **口红**	모델 **模特儿**
뮤지컬 **音乐剧**	바겐세일 **甩卖/酬宾**
박스 **盒子**	버튼 **按钮**
벤치 **长椅**	비닐 **塑料**
사이즈 **大小**	샐러드 **沙拉**
샤프 **自动铅笔**	샴푸 **洗发液**
셀프서비스 **自助服务**	소스 **（西餐用）调味汁，沙司**
스위치 **开关**	스케줄 **日程表**
액세서리 **首饰**	오토바이 **摩托车**
잼 **酱**	치킨 **鸡肉**
커튼 **窗帘**	티켓 **票**
패션 **时装**	패스트푸드 **快餐**
포크 **插子**	헬스클럽 **健身房**

首尔

　　于1994年迎来了建都600周年(1394-1994)的韩国首都首尔是一座历史与现代共存的都市。首尔的行政区域划分为25个区，436个洞，有10,546,000人口，面积为605.27平方公里。其中，人口最多的区为松坡区(676,000人)，人口最少的区为中区(138,000人)。

　　首尔以汉江为界分为江北(297.82平方公里/49.2%)和江南(307.45平方公里 /50.8%)。(2008年首尔市统计资料)

패키지여행이 좋을 것 같은데
参团旅行比较好

🔊 20-01

제 니 : 추석 연휴 때 한 3박4일 중국으로 가는 여행은 어떤 게
있어요?

직 원 : 여기 여러 가지 상품이 있으니까 한번 보세요.

제 니 : 중국에 처음 가니까 패키지여행이 좋을 것 같은데…….

직 원 : 이거 어떠세요? 값도 안 비싸고 관광 코스도 굉장히
좋아요.

제 니 : 생각보다 값이 싸네요.

직 원 : 요즘 외국으로 떠나는 관광객이 많아져서 옛날보다
싸졌어요.

◎ 단어 生词

□ 추석 **中秋节**　　□ 연휴 **连休**　　□ 3박4일 **四天三夜**

□ 패키지여행 **参团旅行**　□ 관광 코스 **旅游路线**　□ 굉장히 **非常**

□ 떠나다 **出去**　　□ 관광객 **游客**　　□ 옛날 **以前**

珍妮 ：中秋节连休时，四天三夜中国行旅游产品都有哪些？

职员 ：这里有很多种产品，看一下吧。

珍妮 ：初次去中国觉得包办旅行比较好。

职员 ：这个怎么样? 价钱也不高旅游路线也非常好。

珍妮 ：价格比想象得便宜。

职员 ：最近出国旅游的游客多了，所以比以前便宜了。

 문법

 语法

1 -(으)ㄹ 것 같다

↳ 用于谓词词干后表示对动作或状态的推测。

보기 例　주말이라서 길이 복잡할 것 같습니다.　因为是周末，交通会比较拥挤。

　　　이 책이 별로 어려울 것 같지 않습니다.　这本书好像不太难。

　　　비가 올 것 같아서 우산을 가지고 왔습니다.　感觉要下雨，所以带来了雨伞。

2 -아/어지다

↳ 用于形容词词干后，表示情况或程度的变化。

보기 例　운동을 해서 건강이 **좋아졌**습니다.　做了运动，健康好起来了。

　　　한국말 문법이 점점 **어려워집**니다.　韩国语语法越来越难。

　　　처음엔 불편했지만 이제는 **익숙해졌**습니다.　开始不太习惯，但现在变熟悉了。

1

보기

가 : 날씨가 어떨 것 같아요?

나 : 비가 올 것 같아요. / 비가 올 것 같지 않아요.

(1) 어느 음식점이
맛있을 것 같아요?

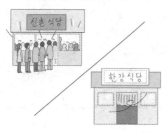

(2) 누가 운동을
잘할 것 같아요?

(3) 지하철하고 택시 중에서
뭐가 빠를 것 같아요?

(4) 이 집이
조용할 것 같아요?

(5) 오늘 회사 일이
일찍 끝날 것 같아요?

2

보기

길이 막히다

가 : 오늘은 왜 차를 안 타고 지하철을 타고 왔어요?

나 : 길이 막힐 것 같아서 지하철을 타고 왔어요.

(1) 맵다

김치가 맛있는데 왜 안 드셨어요?

(2) 그 공연이 재미있다

다른 공연도 있는데 왜 그 공연을
보러 갔어요?

(3) 밤에 춥다

왜 스웨터를 가지고 가요?

(4) 상우 씨가 잘하다

왜 상우 씨에게 그 일을 부탁했어요?

(5) 네, 손님들이 많이 마시다

맥주를 많이 사셨네요.

3

보기

날씨가 따뜻해졌어요.

듣기

1 　듣고 맞으면 O, 틀리면 X 하십시오. 20-07
　　听后正确的用 O，错误的用 X 表示。

　　(1) 여자는 오늘 친구를 만날 것 같습니다.

　　(2) 여자의 친구는 중국말을 잘할 것 같습니다.

　　(3) 여자가 만난 친구는 중국 사람입니다.

2 　듣고 맞으면 O, 틀리면 X 하십시오. 20-08
　　听后正确的用 O，错误的用 X 表示。

　　(1) 이 사람은 다음 달에 졸업합니다.

　　(2) 이 사람은 회사에 취직할 것 같습니다.

　　(3) 이 사람은 공부가 재미있어졌습니다.

3 　듣고 맞으면 O, 틀리면 X 하십시오. 20-09
　　听后正确的用 O，错误的用 X 表示。

　　(1) 이사한 후에 회사가 집에서 가까워졌습니다.

　　(2) 새로 이사한 집 근처에 가게도 친구도 많습니다.

　　(3) 이사한 후에 계속 운동을 해서 건강해졌습니다.

놀이동산에 다녀왔어요

지난 연휴에 친구와 함께 서울 근처에 있는 놀이동산에 다녀왔습니다. 시청 앞에서 출발하는 버스를 타고 갔는데 한 시간쯤 걸렸습니다. 우리는 자유이용권을 사서 들어갔습니다. 오늘 하루에 다 보기는 어려울 것 같아서 안내지도를 보면서 계획을 세웠습니다.

먼저 배를 타고 돌면서 세계 여러 나라의 모습과 인형들을 볼 수 있는 '지구마을'로 갔습니다. 중국을 지나갈 때에는 고향이 그리워졌습니다.

그곳을 나와서 놀이기구가 있는 곳으로 갔습니다. 하늘을 달리는 롤러코스터와 면허증이 없는 사람도 운전할 수 있는 범퍼카. 소리도 지르고 많이 웃어서 목이 아팠지만 기분은 점점 좋아졌습니다.

점심을 먹은 후에는 '사파리월드'에 가서 호랑이와 사자도 보고, 물개 공연도 보았습니다. 어두워진 후에 우리는 맥주 한 잔을 마시고 나왔습니다. 피곤했지만 즐거운 하루였습니다.

1   이 사람들이 놀이동산에 어떻게 갔습니까?

2   '지구마을'은 어떤 곳입니까?

3   이 사람들이 한 것을 순서대로 번호를 쓰십시오.

(   )   (   )   (   )   (   )   (   )

단어 生词   🔘 20-10

놀이동산 娱乐园	자유이용권 套票	돌다 转
지구 地球	마을 社区	지나가다 过
놀이기구 玩具	달리다 行驶	면허증 驾驶执照，驾驶证
소리 지르다 喊叫	목 嗓子	호랑이 老虎
사자 狮子	물개 海狗	

제21과 입어 보니까 편하고 괜찮네요
穿起来舒服，真不错

21-01

앙 리 : 저기요, 이거 얼마예요?

점 원 : 15만 원짜리인데 지금 세일해서 12만 원이에요.

앙 리 : 그런데 이거 저한테 좀 작지 않을까요?

점 원 : 맞을 것 같은데 한번 입어 보세요.

(입어 본 후에)

앙 리 : 입어 보니까 편하고 괜찮네요.

점 원 : 사이즈도 맞고 색깔도 잘 어울리시네요. 모델 같아요.

164

◎ 단어 生词

- 저기요 劳驾/请问
- 날씬하다 苗条
- 어울리다 适合

- -짜리 -的
- 사이즈 大小

- 세일하다 减价
- 색깔 颜色

亨利 : 请问，这件多少钱?

职员 : 原价为15万元，现在打完折12万。

亨利 : 可是这件对我来说有点小吧?

职员 : 看起来适合您，试一下吧。

(穿了以后)

亨利 : 穿起来舒服，真不错。

职员 : 大小合适，颜色也适合您。真像模特啊。

语法

1 -(으)ㄹ까요?

↳ 说话者向对方询问正在怀疑或推测的事情。常用于第三人称主语的文章或以 '-(으)ㄹ 수 있을까요?' 结束的文章。

보기 例　여기서 거기까지 시간이 얼마나 걸릴까요?　从这儿到那儿需要多长时间?

이 책이 초등학생한테 너무 어렵지 않을까요?　这本书对小学生不会太难吗?

제가 그 일을 잘할 수 있을까요?　我能做好那件事吗?

2 -(으)니까

↳ 用于谓词词干后，表示某一动作结束以后，发现或意识到某种事实。请注意，不用 '-았/었으니까'。

보기 例　아침에 일어나니까 9시였습니다.　早上起床时9点了。

창문을 여니까 시원한 바람이 들어왔습니다.　开了窗户吹进了凉快的风。

제주도에 가 보니까 어때요?　去了济州岛感觉怎么样?

3 -같다

↳ 用于名词后，表示主语(某一名词)与位于 '같다' 前的一名词相似或性质相同。

보기 例　　머리를 자르니까 다른 사람 같아요.　剪了头发好像是换了个人似的。

거실 분위기가 카페 같아요.　客厅气氛像是在咖啡厅一样。

요즘 날씨가 여름 같지요?　最近的天气像夏天，是吧?

句型练习

1

21-03

보기

어떤 색깔이 어울리다

가 : 어떤 색깔이 어울릴까요?
나 : 하얀 색이 어울릴 것 같아요.

(1) 선물로 뭐가 좋다　(2) 어느 팀이 이기다　(3) 이 구두가 저한테 크지 않다

서울 | 부산
70 | 55

(4) 이건 너무 맵지 않다　(5) 9시 전에 도착할 수 있다

낙지볶음
MENU

2

보기

읽어 보다 / 어려워요.

가 : 이 책이 어때요?
나 : 읽어 보니까 어려워요.

(1) 입어 보다 / 불편했어요.

왜 그 옷을 사지 않았어요?

(2) 일어나다 / 8시 반이었어요.

아침에 왜 늦으셨어요?

(3) 일해 보다 / 어려운 게 많네요.

회사생활이 어때요?

(4) 먹어 보다 / 맵지 않고 맛있네요.

닭갈비 맛이 어때요?

(5) 집에 가다 / 11시였어요.

어제 몇 시에 도착했어요?

3

보기

제니 씨는 노래를 정말 잘하다 / 가수

제니 씨는 노래를 정말 잘해서 가수 같아요.

(1) 3월인데 춥다 / 겨울

(2) 아기가 눈이 크고 귀엽다 / 인형

(3) 리밍 씨는 매운 것도 잘 먹고
한국말도 잘하다 / 한국 사람

(4) 이건 정말 예쁘다 / 진짜 꽃

(5) 옷이 너무 깨끗하다 / 새 옷

4

보기

> 우리 어머니
>
> 가 : 하숙집 아주머니가 어때요?
> 나 : 우리 어머니 같아요.

(1) 아가씨

파마했는데 어때요?

(2) 네, 개그맨

스티브 씨는 정말 재미있지요?

(3) 네, 궁궐

그 영화배우의 집이 커요?

(4) 옷가게

옷장에 옷이 진짜 많군요.

(5) 그림

제주도의 경치가 어땠어요?

5

보기

> 50만 원
>
> 가 : 이 휴대폰 얼마예요?
> 나 : 50만 원짜리예요.

(1) 100원

천 원을 어떤 동전으로 바꿔 드릴까요?

(2) 500원 하고 1,000원

공책을 사고 싶은데 어떤 것이 있나요?

(3) 500밀리리터

우유를 큰 거로 살까요, 작은 거로 살까요?

(4) 10만 원 상품권

선물로 무엇을 받았어요?

(5) 저기 5층 건물

이 근처에 '가나다'빌딩이 어디예요?

단어 生词　□ 이기다 赢　□ 닭갈비 韩式铁板鸡肉　□ 눈 眼睛　□ 귀엽다 可爱　□ 인형 娃娃　□ 진짜 真
　　　　　□ 파마하다 烫发　□ 아가씨 小姐　□ 개그맨 笑星　□ 궁궐 宫殿　□ 옷장 衣橱　□ 동전 硬币

1 듣고 맞으면 O, 틀리면 X 하십시오.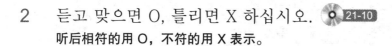
听后相符的用 O，不符的用 X 表示。

(1) 어제 산 바지를 바꾸러 왔습니다.

(2) 어제 산 것보다 큰 바지를 찾고 있습니다.

2 듣고 맞으면 O, 틀리면 X 하십시오.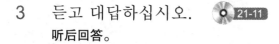
听后相符的用 O，不符的用 X 表示。

(1) 아기가 입어 보니까 옷이 작습니다.

(2) 지금 파란 색 옷을 보고 있습니다.

3 듣고 대답하십시오. 21-11
听后回答。

(1) 이 사람은 왜 모자를 바꾸려고 합니까?

(2) 왜 환불이 안 됩니까?

4 듣고 대답하십시오. 21-12
听后回答。

(1) 남자는 무엇을 사려고 합니까?(모두 고르십시오.)

①	②	③	④

(2) 이 남자는 이 옷을 언제 입으려고 합니까?

얼마짜리입니까?

1 여러분이 환전을 하려고 합니다. 돈의 액수를 바꾸어서 보기 와 같이 대화해 보십시오.
你们要换钱。替换钱的金额，按照例子，做对话练习。

보기

손   님 : 400달러를 원으로 바꾸고 싶은데요.

은행직원 : 479,200원입니다. 어떻게 드릴까요?

손   님 : 삼십만 원은 오만 원짜리로 주시고,
십칠만 원은 만 원짜리로 주세요.
그리고 9,200원은 천 원짜리하고
백 원짜리로 주세요.

---

(1) 3만 ¥ ⇨ 417,500원

(2) 700달러 ⇨ 895,400원

2 만 원짜리 지폐 한 장을 가지고 있습니다. 어떤 물건을 얼마나 사겠습니까?
거스름돈은 어떻게 받았습니까? '–짜리'를 사용해서 말해 보십시오.
有一万块纸币。买东西要买什么？买多少？给了我多少零钱？用'–짜리'说一说。

보기

1,500원짜리 공책 2권하고 1,500원짜리 아이스크림
3개를 샀습니다.
10,000원을 내고 2500원을 받았습니다.
1,000원짜리 두 개하고 100원짜리 5개를 받았
습니다.

양복	교복	한복	운동복
속옷	잠옷	비옷	청바지
외투	반바지	조끼	잠바
스웨터	티셔츠	블라우스	재킷

제22과 컴퓨터로 쉽게 찾을 수 있는데
用电脑很容易就能查出来

🔘 22-01

리 밍 : 한국 요리책을 사고 싶은데 어디에 있어요?

점 원 : 저쪽 11번 요리 코너로 가 보세요. 거기에 있을 거예요.

(조금 후에)

리 밍 : 거기에 제가 찾는 요리책은 없는데요.

점 원 : 책 제목을 아세요? 그러면 컴퓨터로 쉽게 찾을 수
있는데…….

리 밍 : 제목이 아마 '엄마의 밥상'일 거예요.

점 원 : 잠깐 기다려 보세요. 바로 찾아 드리겠습니다.

22-02

◉ 단어 生词

- 코너 柜台
- 아마 可能
- 제목 题目
- 밥상 饭桌
- 그러면 那样的话
- 바로 马上

李明 ： 我要买一本韩国烹饪书，在哪里呢?

店员 ： 去那边11号烹饪柜台看看吧。去那儿就能找到。

(过一会儿)

李明 ： 那里没有我要的烹饪书。

店员 ： 您知道书名吗? 那样的话用电脑很容易就能查出来……

李明 ： 书名好像是"妈妈的饭桌"。

店员 ： 请稍等。我马上给您查。

 문법

 语法

1 -(으)ㄹ 것이다

↳ 主语是第三人称时表示"推测"(参考15课语法2)。如果用以'-(으)ㄹ 수 있을 것이다'形态时，不受主语限制表示'推测'。

보기 例   그 사람은 오늘 오후에 도착할 **거**예요.   那个人今天下午应该能到。

제가 그날은 시간이 있으니까 갈 수 있을 **거**예요.   我那天有时间, 应该可以去。

영화가 3시에 시작했으니까 끝났을 **거**예요.   电影3点开始的, 应该结束了吧。

2 -게

↳ 接形容词后, 将其变成副词。

보기 例   예쁘**게** 포장해 주세요.   包装包漂亮点吧。

그 영화를 재미있**게** 봤습니다.   那部电影看得很有意思。

세일이라서 물건을 싸**게** 살 수 있었습니다.   因为是减价, 东西可以很便宜的价格买到。

유형연습

1

22-03

10시 비행기니까 12시쯤이면 도착하다

10시 비행기니까 12시쯤이면 도착할 거예요.

(1) 운동하면 건강해지다

(2) 잃어버린 물건을 찾을 수 있다

(3) 선생님도 아마 이 이야기를 아시다

(4) 한 달 전에 산 거라서 교환이 안 되다

(5) 1시가 지났으니까 기차가 떠났다

2

22-04

가 : 사장님이 사무실에 계실까요?
나 : 네, 계실 거예요.

(1) 피에르 씨가
이 선물을 좋아할까요?

(2) 뉴스에 나온 이야기가
사실이에요?

(3) 제가 인천에 가 본 적이
없는데 혼자 갈 수 있을까요?

(4) 지금 시간에는 차가
막히지 않아요?

(5) 성진 씨가 회사를
그만두었어요?

3

보기

네, 깨끗하다

가 : 방이 더러웠는데 청소했어요?
나 : 네, 깨끗하게 청소했어요.

(1) 네, 재미있다

친구들하고 잘 놀았어요?

(2) 네, 맛있다

많이 드셨어요?

(3) 네, 너무 맵지 않다

김치찌개를 해 드릴까요?

(4) 아주 짧다

머리를 어떻게 해 드릴까요?

(5) 아니요, 늦다

오늘 아침에 일찍 일어났어요?

 22-06

단어 生词　□ 잃어버리다 丢　□ 사실 事实　□ 그만두다 辞职

듣기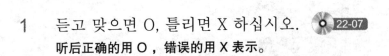

1 듣고 맞으면 O, 틀리면 X 하십시오. ⊙ 22-07
听后正确的用 O，错误的用 X 表示。

(1) 서점에서 친구를 만날 약속이 있었습니다.

(2) 토요일 오후라서 회사원들이 많았습니다.

(3) 이 사람은 서점에서 외국 책을 읽었습니다.

(4) 오후 3시부터 7시까지 서점에 있었습니다.

(5) 이 사람은 다음 주에도 갈 겁니다.

MEMO

금주의 베스트셀러

여러분은 어떤 책을 읽으십니까? 신문이나 인터넷 서점에는 매주 새로 나온 책이나 베스트셀러를 소개하고 있는데요. 책을 사기 전에 한번 읽어 보는 것도 좋을 것 같습니다.

 **행복한 우리 집**　　강지선 지음 / 13,000원

세 번 결혼하고 세 번 이혼한 엄마와 18세 딸의 사랑 이야기. 싸우고 대화하면서 즐겁게 지내는 이 모녀의 집으로 가 봅시다. 가족의 사랑을 생각하면서 편하게 읽을 수 있는 소설.

 **좋은 습관**　　진하영 지음 / 8,800원

S전자의 사장이 소개하는 성공의 습관. 청소년과 젊은이들에게 행복하게 사는 방법과 성공하는 길을 가르쳐 줍니다. 어렵지 않게 썼기 때문에 누구든지 쉽게 읽을 수 있는 인생 선배의 성공 노트.

 **와인의 세계**　　이태복 지음/ 11,000원

와인의 역사와 함께 좋은 와인을 고르는 방법, 와인을 맛있게 마시는 방법, 음식과 어울리는 와인 등을 재미있게 소개하고 있습니다. 술을 좋아하지 않는 사람도 와인 한 잔쯤 마시고 싶어지는 책.

1　위의 책들은 어떤 사람이 읽으면 좋을 것 같습니까? 각각 설명해 보십시오.

2　여러분이 소개하고 싶은 책이 있으면 간단하게 소개해 보십시오.

단어 生词　 22-08

□ 새로 **新**	□ 베스트셀러 **畅销书**	□ 지음 **著**
□ 이혼하다 **离婚**	□ 싸우다 **吵架**	□ 모녀 **母女**
□ 소설 **小说**	□ 성공 **成功**	□ 습관 **习惯**
□ 청소년 **青少年**	□ 젊은이 **年轻人**	□ 행복하다 **幸福**
□ 인생 **人生**	□ 세계 **世界**	□ 역사 **历史**
□ 방법 **方法**		

좀 이상한 것 같은데 괜찮아요?
感觉有点奇怪，还可以吗?

23-01

미용사: 손님, 어떻게 해 드릴까요?

제 니: 머리 모양을 좀 바꿔 보려고 하는데 어떤 머리가 어울릴까요?

미용사: 짧은 머리도 좋을 것 같은데 이 책에서 한번 골라 보세요.

제 니: 이 스타일이 마음에 드네요. 앞머리는 이것보다 조금
　　　　더 짧게 해 주세요.

(자른 후에)

미용사: 다 됐습니다. 어떠세요?

제 니: 이런 머리는 처음이라서 좀 이상한 것 같은데 괜찮아요?

178

23-02

◎ 단어 生词

- □ 모양 型
- □ 마음에 들다 喜欢，称心
- □ 이렇다 这样

- □ 고르다 挑
- □ 앞머리 刘海
- □ 이상하다 奇怪

- □ 스타일 款式
- □ 다 됐다 完了

美容师 ：请问，您要什么样的发型？

珍妮　：我想换换发型。你觉得什么样的发型适合我？

美容师 ：短发应该也很适合，看这本书挑一下吧。

珍妮　：我喜欢这款式。刘海比这个剪短一点吧。

(剪了之后)

美容师 ：剪完了。感觉怎么样？

珍妮　：这样的发型是第一次，感觉有点怪怪的，还可以吗？

1 '르' 불규칙동사 · 형용사

↳ 元音 '-아/어' 前词干 '르' 的元音 'ㅡ' 脱落，添加 'ㄹ'。

기본형 基本形	-ㅂ니다	-아/어요	-아/어서	-았/었어요
다르다	다릅니다	달라요	달라서	달랐어요
빠르다	빠릅니다	빨라요	빨라서	빨랐어요
모르다	모릅니다	몰라요	몰라서	몰랐어요
부르다	부릅니다	불러요	불러서	불렀어요

보기 例　저와 제 동생은 얼굴도 다르고 성격이 많이 **달라요**.　我和我弟弟长相不同性格也不同。

목이 **말라서** 물을 마셨어요.　因为口渴喝了水。

친구들과 노래방에 가서 **노래를 불렀어요**.　跟朋友们一起去卡拉OK唱歌了。

2 -(으)ㄴ 것 같다

표示说话者对动作或情况的推测。'-(으)ㄴ 것 같다'是与动作动词连接推测过去发生的事情时用。并且与形容词或'(名词) 이다' 连接推测现在的情况时用。

'-는 것 같다'是与动作动词或'있다', '없다' 连接推测现在的动作或情况时用。

보기 例 어젯밤에 비가 많이 **온 것 같아요.** 昨天晚上好像下了很多雨。

이 옷은 저한테 좀 작은 **것 같은데요.** 这件衣服对我来说好像小了点。

그분은 한국말을 잘하는 **것 같습니다.** 那个人的韩语好像讲得很好。

句型练习

1

23-03

보기

> 아니요, 배가 부르다
>
> 가 : 더 드시겠어요?
> 나 : 아니요, 배가 불러요.

(1) 지하철이 더 빠르다

버스와 지하철 중에서 뭐가 더 빠릅니까?

(2) 아니요, 저도 잘 모르다

순두부찌개 만드는 법을 아세요?

(3) 아니요, 많이 다르다

영어하고 러시아어는 문법이 비슷해요?

(4) 네, 제가 직접 고르다

넥타이가 멋있는데 앙리 씨가 고르셨어요?

(5) 지난번에 연습한 노래를 부르다

노래방에서 무슨 노래를 부르셨어요?

180

보기

좀 비싸다

가 : 생선이 싱싱한데 왜 안 사세요?
나 : 좀 비싼 것 같아요.

(1) 기분이 안 좋다

오늘 리밍 씨가
말이 별로 없네요.

(2) 조금 싱겁다

소금을 한 숟가락
넣었는데 맛이 어때요?

(3) 저한테 좀 어렵다

이 교과서를 써 보니까
어때요?

(4) 사람이 있다

방 안에 사람이
있어요, 없어요?

(5) 상우 씨가 애인이 없다

우리 사무실에서
누가 애인이 없어요?

3

보기

한국 사람들은 등산을 좋아하다

가 : 저는 주말에 보통 아내하고 산에 가요.

나 : 한국 사람들은 등산을 좋아하는 것 같아요.

(1) 공부를 열심히 하다

한국 학생들을 보니까
어때요?

(2) 잘 모르시다

과장님이 그 사실을
아세요, 모르세요?

(3) 아니요, 하숙집에서 혼자 살다

민지 씨가
부모님하고 살아요?

(4) 저 앞에서 사고가 났다

주말도 아닌데
고속도로에 차가 많네요.

(5) 퇴근하셨다

왕리펑 씨는
어디에 가셨어요?

단어 生词   □ 배가 부르다 **肚子饱**   □ 노래를 부르다 **唱歌**   □ 싱겁다 **淡**   □ 애인 **恋人**

1 듣고 맞으면 O, 틀리면 X 하십시오. 23-07
   听后正确的用 O，错误的用 X 表示。

   (1) 여자는 미용실에 다녀온 것 같습니다. 　

   (2) 여자는 남자 친구와 헤어진 것 같습니다. 　

   (3) 여자는 오랜만에 머리 모양을 바꾼 것 같습니다. 　

2 듣고 맞지 않는 것을 고르십시오. 23-08
   听后选出错误项。

   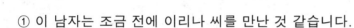

   ① 이 남자는 조금 전에 이리나 씨를 만난 것 같습니다.

   ② 이 여자는 이리나 씨와 통화하지 못한 것 같습니다.

   ③ 남자는 1시간 후에 이리나 씨 집에 갈 것 같습니다.

   ④ 이리나 씨는 지금 집에 없는 것 같습니다.

MEMO

미용실에서

여러분이 미용실에 왔습니다. 그림을 보고 보기 와 같이 묻고 대답해 봅시다.
你们到了美容室。看图片照例子做对话练习。

지금의 머리 모양	원하는 머리 모양

보기

미용사 : 어서 오세요. 오랜만에 오셨네요.

손　님 : 네, 요즘 좀 바빠서요.

미용사 : 어떻게 해 드릴까요?

손　님 : 파마하고 싶은데요. 웨이브파마로 해 주세요.

　　　　그리고 염색을 하고 싶은데 어떤 색이 좋을까요?

미용사 : 얼굴이 하야니까 갈색으로 염색해 보시면 어떨까요?

손　님 : 그게 좋겠네요. 그리고 앞머리도 좀 잘라 주세요.

184

머리를 자르다

파마하다

염색 하다

곱슬머리

생머리

웨이브파마

단발머리

커트머리

앞머리

뒷머리

옆머리

머리를 묶다

머리핀을 꽂다

한국 문화 엿보기 了解韩国文化

美容院和理发店

　　大家认为美容院应该是女士去的，理发店应该是男士去的地方吧？理发店确实是男士去的地方，但是，美容院却是男女都去的地方。10-20岁的年轻男士几乎大部分都是在美容院剪头发。而四五十岁的"大叔"们也经常和家人一起或独自去家附近的美容院剪头发。一直到80年代为止，理发店的数量还远多于美容院。但是，理发店的数量逐渐减少，现在，美容院的数量几乎已达到了理发店数量的3倍。即使这样，仍然还是有一些男士喜欢去理发店。

　　因为，理发店还提供免费的刮胡子服务。但是，理发店剪头发的方式和剪出的式样与美容院稍有差异。喜欢流行或款式多样化的男士还是会选择去美容院剪头发。

제24과 어제 정말 죄송했어요
昨天真的很抱歉

🔘 24-01

상　우: 어제 정말 죄송했어요. 갑자기 약속을 취소해서…….

이리나: 아니에요. 다행히 저도 약속 장소로 출발하기 전이었어요.

상　우: 죄송해요. 나가려고 하는데 중요한 손님이 오셨어요.

이리나: 그랬어요? 괜찮아요. 미안해하지 마세요.

상　우: 오늘 제가 저녁을 살 테니까 시간 좀 내 주세요.

이리나: 좋아요. 그럼, 이따가 퇴근 후에 만나요.

◎ 24-02

◎ 단어　生词

- 갑자기 **突然**
- 취소하다 **取消**
- 다행히 **幸好**
- 중요하다 **重要**
- 시간을 내다 **抽出时间**

相佑	：	昨天真的很抱歉。突然取消了约会……
伊利娜	：	没关系。我也是幸好还未出发去约会地点。
相佑	：	不好意思啊。刚要出去的时候，来了重要的客人。
伊利娜	：	是吗? 没事儿。不用过意不去。
相佑	：	今天晚上我请客，抽点时间出来吧。
伊利娜	：	好。那么，一会儿下班见吧。

 문법　 语法

1 -아/어하다

➜ 表示心理状态的形容词，一般只用在一人称说话者的句子中。可是与 '-아/어/여하다' 连接使其变成动词的话，一、二、三人称句子里都可以用。

보기 例　저는 매운 것이 좋아요. 제 동생도 매운 것을 **좋아해**요.　我喜欢辣的。我的弟弟也喜欢辣的。

학생들이 이 문법을 어려**워합**니다.　学生们觉得这语法有点难。

저는 여행을 가고 싶어요. 제 친구도 가고 **싶어해**요.　我想去旅游。我的朋友也想去。

2 -(으)ㄹ 테니까

➜ 表示意志或推测的 '-겠다', '-(으)ㄹ 것이다' 与 '-(으)니까' 结合时，形式是 '-(으)ㄹ 테니까'。

보기 例　곧 돌아올 **테니까** 다른 데 가지 말고 기다리세요.

我马上回来，不要去别的地方在这等我。

저녁에 집에 있을 **테니까** 전화하세요.　晚上我在家，请给我打电话吧。

김 선생님이 아실 **테니까** 김 선생님께 물어보세요.　金老师知道，问金老师吧。

1

  보기

학생들 / 한국말 / 어렵다

학생들이 한국말을 어려워해요.

(1) 아이 / 개 / 무섭다

(2) 제니 씨 / 등산 / 힘들다

(3) 남편 / 요리하는 것 / 즐겁다

(4) 학생들 / 윷놀이 / 재미있다

(5) 아이들 / 만화 영화 / 보고 싶다

2

  보기

사람들이 덥다

가 : 왜 에어컨을 켰어요?
나 : 사람들이 더워해서 켰어요.

(1) 가족들이 저를 그립다

왜 고향에 있는 가족에게 사진을 보냈어요?

(2) 친구가 외롭다

왜 친구에게 여자 친구를 소개해 주었어요?

(3) 아이가 무섭다

왜 영화를 다 보지 않고 중간에 나왔어요?

(4) 어머니가 싫다

왜 고양이를 키우지 않아요?

(5) 그 지갑을 가지고 싶다

왜 여자 친구에게 그 지갑을 선물했어요?

3

보기

제가 준비하다 / 그냥 오세요.

가 : 산에 갈 때 도시락을 준비해야 해요?
나 : 제가 준비할 테니까 그냥 오세요.

(1) 나중에 제가 하다 / 앉아서 쉬세요.

사람들 식사가 끝난 것 같은데 지금 테이블을 정리할까요?

(2) 내가 한잔 사다 / 회사 앞으로 나오세요.

어려운 일이 끝났는데 한잔할까요?

(3) 선생님들한테는 내가 보내다 / 친구들한테만 보내세요.

선생님들하고 친구들한테 문자를 보내야 되는데.

(4) 제가 도와 드리다 / 걱정하지 마세요.

내일까지 해야 하는 일을 못할 것 같아서 걱정이에요.

(5) 내가 한번 해 보다 / 잘 보세요.

이 게임은 어떻게 하는 거예요?

4

주차장이 있다 / 차로 갑시다.

가 : 결혼식에 지하철을 타고 갈까요?
나 : 주차장이 있을 테니까 차로 갑시다.

(1) 아이들도 오다 / 안 매운 게 좋겠어요.

저녁에 손님들이 오는데
무슨 음식을 할까요?

(2) 한 시간이면 할 수 있다 / 빨리 합시다.

오늘은 시간이 없는데
다음에 하는 게 어때요?

(3) 그런 일은 없다 / 불안해하지 마세요.

회사 면접을 봤는데
떨어질 것 같아요.

(4) 네, 지금쯤 도착했다 / 전화해 보세요.

제니 씨가 오늘 한국에 와요?

(5) 어렵지 않다 / 걱정하지 마세요.

지난번 시험이 어려웠는데
이번에도 어렵겠지요?

단어 生词	🗆 힘들다 累 🗆 윷놀이 **翻板子游戏** 🗆 만화 영화 **动画片** 🗆 외롭다 **孤单/孤独**
	🗆 무섭다 **害怕** 🗆 중간에 **中间** 🗆 싫다 **不喜欢** 🗆 키우다 **养** 🗆 나중에 **以后**
	🗆 문자 **短信** 🗆 면접 **面试** 🗆 떨어지다 **落榜** 🗆 불안하다 **不安**

1 듣고 대답하십시오. 🔘 24-08
听后回答。

(1) 남자는 무엇을 어려워합니까?

(2) 여자는 어떻습니까?

2 듣고 대답하십시오. 🔘 24-09
听后回答。

(1) 여자는 어디에 가 보고 싶어합니까?

(2) 남자는 왜 롯데월드에 가려고 합니까?

3 듣고 대답하십시오. 🔘 24-10
听后回答。

(1) 남자와 여자 중에서 누가 영화를 재미있어합니까?

(2) 남자는 어떤 영화를 싫어합니까?

4 듣고 대답하십시오. 🔘 24-11
听后回答。

(1) 남자는 어떤 사람을 부러워합니까?

(2) 여자는 무엇을 좋아합니까?

이 메일

이리나 씨, 안녕하세요?

답장이 늦어서 죄송합니다. 금요일에 보내신 메일을 오늘 읽었어요. 파티에 초대해 주셔서 감사합니다. 그런데 이번 주 토요일에는 저희 회사 부부 모임이 있어서 참석할 수 없을 것 같아요. 제 아내도 이리나 씨를 만나고 싶어했는데……. 참석을 못해서 정말 죄송합니다.

저희가 이리나 씨와 친구들을 초대하고 싶은데 이번 달 마지막 금요일 저녁에 시간이 어떠세요? 다른 사람들에게도 물어봐 주시고 연락 주시겠어요?

앙리 드림

앙리 씨께,

답장을 보내 주셔서 감사합니다.

토요일에 중요한 모임이 있으셨는데 제가 몰랐네요.

그리고 정말 저희들을 초대해 주시는 거예요? 마지막 금요일이면 26일이네요. 저는 그날 갈 수 있어요. 아마 친구들도 모두 좋아할 거예요. 제가 친구들에게 전화해서 확인해 보고 연락을 드리겠습니다.

이리나 올림

1   위의 내용과 다른 것을 고르십시오.
    请选出与上述内容不符项。

① 이리나 씨가 앙리 씨에게 먼저 메일을 보냈습니다.
② 앙리 씨는 지난번에도 파티에 참석을 하지 못했습니다.
③ 앙리 씨는 이리나 씨의 연락을 기다릴 겁니다.
④ 앙리 씨는 26일에 이리나 씨와 친구들을 초대하려고 합니다.
⑤ 이리나 씨가 친구들에게 전화로 확인하려고 합니다.

2 여러분이 아래의 상황이라면 어떻게 이메일을 쓰시겠습니까?

遇到下面情况时你会怎么写电子邮件？

■ 여행을 가서 3일 동안 학교를 결석합니다.

■ 친구의 결혼식에 초대를 받았지만 가지 못합니다.

■ 고향에 있는 친구의 생일을 잊어버려서 연락하지 못했습니다.

From:

To:

Subject:

Date:

단어 生词　🔘 24-12

□ 모임 **聚会**	□ 참석하다 **参加**	□ 드림 **敬上**
□ 마지막 **最后**	□ 올림 **敬上**	

1. 'ㅎ'的发音

(1) 无声音 'ㄱ, ㄷ, ㅂ, ㅈ' 遇到 'ㅎ' 则改发 'ㅋ, ㅌ, ㅍ, ㅊ' 的音。

좋고[조코]　　빨갛다[빨가타]　　파랗지만[파라치만]　　어떻게[어떠케]

많지요[만치요]　　국화[구콰]　　백화점[배콰점]　　복잡한[복짜판]

깨끗하다[깨끋하다 → 깨끄타다]

(2) 收音 'ㅎ' 遇到元音则不发连音，也无音。

좋은[조은]　　많이[만이 → 마니]　　괜찮아요[괜찬아요 → 괜차나요]

놓으세요[노으세요]

(3) 'ㅎ' 在有声音之间则发微弱音。

지하철　대학교　전화　은행　피곤하다　말하다　열심히　영화

2. 'ㄹ'的发音

(1) 'ㄹ' 遇到 'ㄹ' 和 'ㄴ' 以外的辅音时，发 'ㄴ' 的音。

속리산[속니산 → 송니산]　　독립문[독님문 → 동님문]　　정류장[정뉴장]

대통령[대통녕]　　정리하다[정니하다]　　심리학[심니학]　　음료수[음뇨수]

(2) 'ㄹ' 遇到 'ㄴ' 则发 'ㄹ' 的音。

난로[날로]　　연락[열락]　　전라도[절라도]　　설날[설랄]　　한라산[할라산]

(3) 冠词 '-(으)ㄹ' 后连接的 'ㄱ,ㄷ,ㅂ,ㅅ,ㅈ' 发挤喉音。

갈 곳[갈 꼳]　　물건을 살 돈[살 똔]　　먹을 밥[머글 빱]　　만날 사람[만날 싸람]

쓸 종이[쓸 쫑이]　　갈 거예요[갈 꺼예요]　　만들 수[만들 쑤] 있어요

할 줄[할 쭐] 알아요

韩国人喜欢的酒

　　韩国人有很多特性，其中必提及的一个就是韩国人喜欢一边喝酒，一边聊天和唱歌。韩国人喜欢喝的酒有烧酒、啤酒、洋酒等，但是，对于普通人来说，还是烧酒最受欢迎。

　　最近，韩国的传统酒"稠酒"受到了国内外越来越多的关注，同时，由于well-being的影响，也使红酒受到越来越多人的欢迎。特别是最近两三年，喜欢"稠酒"多样化的人越来越多，如有很多人喜欢由大米、大麦、小米、玉米等谷物酿制的"稠酒"，或由蓝莓、桑葚、猕猴桃、葡萄等水果酿制的"稠酒"，还有人喜欢将"稠酒"与雪碧等碳酸饮料混着喝。

　　韩国人喝烧酒或"稠酒"的时候，一般用汤、葱饼、五花肉等下酒，而喝啤酒、洋酒或葡萄酒的时候，用干货下酒。

오셔서 축하해 주세요
过来一起庆祝吧

25-01

박정우: 다음 달에 에밀리와 결혼해요. 이건 저희 청첩장이에요.

제 니: 어머! 그래요? 축하드려요. 결혼식이 며칠이에요?

박정우: 다음 달 26일이에요. 시간이 있으시면 오셔서 축하해 주세요.

제 니: 네, 꼭 가겠습니다. 그런데 결혼하시면 어디에서 사세요?

박정우: 1년쯤 한국에서 살 생각이에요. 그래서 집을 알아보는 중이에요.

제 니: 준비할 게 많아서 바쁘시겠네요.

◎ 단어 生词

- 저희 **我们**
- 청첩장 **请柬**
- 어머 **哇**
- 알아보다 **打听**

朴情宇 : 下个月我跟艾米莉结婚。这是我们的请柬。

珍妮 : 哇！是吗？恭喜恭喜。婚礼几号？

朴情宇 : 下个月26号。有时间的话过来一起庆祝吧。

珍妮 : 好，我一定去。不过，你们结婚后打算在哪儿住啊？

朴情宇 : 打算在韩国住一年左右，所以在打听房子呢。

珍妮 : 要准备的东西很多，一定很忙吧。

 语法

1 -는 중

↳ 接动词词干后表示某一行为正在进行。可以用 '(名词) 중' 的形态。

보기 例 가는 중인데 10분 후에 도착할 것 같아요. 我现在去的路上，大概10分钟后到。

운전 중에 졸지 마세요. 开车时别打盹儿。

지금 회의 중이니까 이따가 전화해 주세요. 正在开会，请一会儿再打来吧。

1

보기

가까운 호텔에서 하다

가 : 아기 돌잔치를 어디에서 하려고 하세요?
나 : 가까운 호텔에서 할 생각이에요.

(1) 내년 가을쯤 결혼하다

결혼 계획이 있어요?

(2) 네, 그래서 여러 회사에 원서를 내다

요즘 취직하기가 어렵지요?

(3) 새 양복을 입다

졸업식 때 무슨 옷을 입을 거예요?

(4) 한식집을 해 보다

요리사가 되면 뭘 할 거예요?

(5) 올해 10월까지 한국에서 살다

언제까지 한국에서 살 생각이세요?

2

보기

공사

공사 중입니다.

설명하다

설명하는 중입니다.

(1) 상담

(2) 통화

(3) 외출

(4) 조사하다

(5) 만들다

3

보기

지금 생각하다

가 : 좋은 방법이 있을 것 같은데 생각해 봤어요?
나 : 지금 생각하는 중이에요.

(1) 지금 휴가

송 과장님은 오늘 출근 안 하셨어요?

(2) 수업

지금 이 선생님을 만날 수 있을까요?

(3) 지금 계획

다음 달에 공연을 하실 거예요?

(4) 죄송한데, 지금 운전하다

여보세요, 상우 씨, 지금 전화 받기가 괜찮으세요?

(5) 아니요, 알아보다

결혼 후에 살 집을 구하셨어요?

25-06

단어 生词　　□ 원서 **志愿书**　□ 졸업식 **毕业典礼**　□ 공사 **施工**　□ 통화 **通话**　□ 외출 **外出**
　　　　　　□ 조사하다 **调查**

듣기

1 듣고 이어지는 대답을 고르십시오. 25-07
听后选出答案。

(1)

① 영화를 공부할 생각이에요.

② 다음 주에 갈 생각이에요.

(2)

① 고맙습니다. 힘들지만 알아볼 생각이에요.

② 고맙습니다. 작은 회사이지만 열심히 해 볼 생각이에요.

(3)

① 지금 생각 중인데 아마 그럴 거예요.

② 듣는 중이니까 잘 모르겠어요.

(4)

① 고맙습니다. 그래서 좋은 학교를 알아볼 생각이에요.

② 고맙습니다. 그래서 내일쯤 한턱내려고요.

(5)

① 와, 이런 거 사고 싶었는데 정말 감사합니다.

② 아, 저도 이거 사 드릴 생각이에요.

어떻게 인사합니까?

주사위를 던져서 나온 숫자만큼 앞으로 갑니다. 그 칸에 있는 상황을 읽고 보기 와
같이 인사를 해 봅시다.

掷骰子后，根据所得点数往前走，并按照自己所占位子里的文字内容，仿照例句练习打招呼。

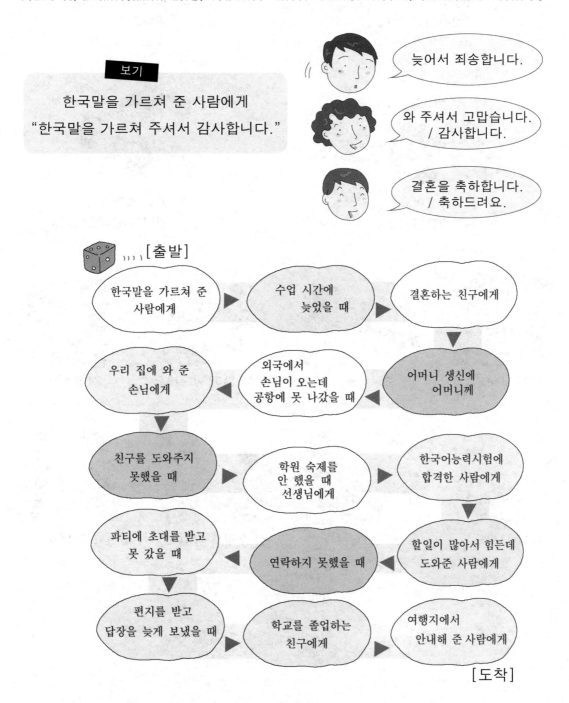

보기

한국말을 가르쳐 준 사람에게
"한국말을 가르쳐 주셔서 감사합니다."

늦어서 죄송합니다.

와 주셔서 고맙습니다.
/ 감사합니다.

결혼을 축하합니다.
/ 축하드려요.

[출발]

| 한국말을 가르쳐 준 사람에게 | 수업 시간에 늦었을 때 | 결혼하는 친구에게 |

| 우리 집에 와 준 손님에게 | 외국에서 손님이 오는데 공항에 못 나갔을 때 | 어머니 생신에 어머니께 |

| 친구를 도와주지 못했을 때 | 학원 숙제를 안 했을 때 선생님에게 | 한국어능력시험에 합격한 사람에게 |

| 파티에 초대를 받고 못 갔을 때 | 연락하지 못했을 때 | 할일이 많아서 힘든데 도와준 사람에게 |

| 편지를 받고 답장을 늦게 보냈을 때 | 학교를 졸업하는 친구에게 | 여행지에서 안내해 준 사람에게 |

[도착]

가 : 안녕하세요?
나 : 오래간만입니다.
　　그동안 어떻게 지내셨어요?

가 : 다녀오겠습니다.
나 : 다녀오세요.

가 : 다녀오셨어요?
나 : 다녀왔습니다.

가 : 처음 뵙겠습니다.
나 : 만나서 반갑습니다.

어서 오세요.

조심하세요.

새해 복 많이 받으세요.

섭섭해요.

많이 드세요.

잘 먹었습니다.

잘 부탁드립니다.

수고하셨습니다.

한국 문화 엿보기　　了解韩国文化

韩国的学校

　　韩国学校的学制是：小学6年，初中3年，高中3年，大学4年。小孩一般达到韩国年龄的8岁(满6岁)就可以上小学了。当然，考虑到小孩的特性，也可以提前一年或推后一年入学。最近，由于双职工夫妇逐渐增多，大部分的孩子在初中入学前，会在小朋友之家或幼儿园上2-3年的学。

　　一年有两个学期，分别从3月和9月开始。

　　小学和初中是义务教育，学费由政府全额负担。大部分的初中和高中是由电脑抽签进行分配，但是，有些比较特殊的学校要考试。进大学有大学入学考试。

제26과 컴퓨터 고칠 줄 아세요?
你会修电脑吗?

🔘 26-01

민 지: 제 컴퓨터가 고장 난 것 같아요. 고칠 줄 아세요?

리 밍: 어디 봅시다.

（잠시 후）

잘 모르겠는데 서비스센터에 전화하는 게 좋겠어요.

민 지: 큰일 났네. 학기말 리포트를 쓰고 있었는데……

리포트를 다음 주에 내도 될까요?

리 밍: 다음 주에 내면 안 될 거예요. 제 노트북을 빌려 드릴 테니까

쓰세요.

민 지: 정말요? 고맙습니다.

리 밍: 저는 오늘 안 써도 되니까 천천히 하세요.

26-02

◉ 단어 生词

- □ 고치다 修
- □ 리포트 报告
- □ 큰일 나다 糟糕
- □ 내다 交
- □ 학기말 期末
- □ 노트북 笔记本

敏智 ： 我的电脑好象坏了。你会修吗？

李明 ： 看看吧。

　　　(过一会儿)

　　　我也不太清楚，还是给服务中心打电话比较好。

敏智 ： 糟糕。正在写期末报告……报告下周交也行吗？

李明 ： 下周交好象不行。我借给你我的笔记本电脑，你用吧。

敏智 ： 真的吗？谢谢。

李明 ： 我今天不用。你慢慢用吧。

문법

语法

1 -(으)ㄹ 줄 알다/모르다

➡ 接动词词干后，表示是否知道行使某一行为的方法或能力。

보기 例　이 팩스를 사용할 줄 아세요?　(你) 会用这个传真机吗？

　　　저는 기타를 칠 줄 모르는데요.　我不会弹吉他。

　　　잡채를 만들 줄 아는 사람이 있어요?　有会炒杂菜的人吗？

2 -아/어도 되다

➡ 与动词词干相接，表示许可。

보기 例　교실에서 영어로 질문해도 됩니까?　在教室可以用英语提问吗？

　　　여기에 앉아도 돼요?　可以坐这儿吗？

　　　그 일을 꼭 하지 않아도 됩니다.　那件事不做也可以。

3 -(으)면 안 되다

↪ '-아/어도 되다' 的否定形式，表示不允许或禁止。

공연장에서 음식을 먹으면 **안 됩니다**. 在表演场不能吃食物。

회사에 늦게 가면 **안 돼요**? 晚点儿去公司不行吗?

시험을 안 보면 **안 됩니다**. 不参加考试不行。

句型练习

1

보기

넥타이를 매다

넥타이를 맬 줄 알아요.
넥타이를 맬 줄 몰라요.

(1) 젓가락을 사용하다

(2) 바이올린을 켜다

(3) 한국말로 문자를 보내다

(4) 라면을 끓이다

(5) 자동차를 고치다

2

보기

가 : 운전할 줄 알아요?
나 : 네, 할 줄 알아요.
　　아니요, 할 줄 몰라요.

(1)

(2)

(3)

(4)

(5)

3

보기  쓰레기를 버리면 안 됩니다.

(1)

(2)

(3)

(4)

(5)

보기 가 : 사무실에서 인터넷을 해도 돼요?

나 : 네, 인터넷을 해도 돼요.

아니요, 인터넷을 하면 안 돼요.

단어 生词 □ 쓰레기 垃圾 □ 버리다 扔 □ 만지다 摸

1 듣고 맞으면 O, 틀리면 X 하십시오. 🔘 26-08
听后相符的用 O，不符的用 X 表示。

(1) 공연장에 표를 바꾸러 왔습니다.

(2) 빈자리가 있지만 다른 자리에 앉으면 안 됩니다.

(3) 공연할 때 사진을 찍어도 됩니다.

2 듣고 맞으면 O, 틀리면 X 하십시오. 🔘 26-09
听后相符的用 O，不符的用 X 表示。

(1) 여자는 과장님과 약속이 있습니다.

(2) 여자는 여기에서 과장님을 기다리려고 합니다.

(3) 남자는 과장님과 회의 중입니다.

3 듣고 맞으면 O, 틀리면 X 하십시오. 🔘 26-10
听后相符的用 O，不符的用 X 表示。

(1) 전부 390,000원을 내야 합니다.

(2) 현금과 카드로 같이 내면 안 됩니다.

(3) 290,000원을 카드로 내려고 합니다.

읽기

같이 버리면 안 되지요?

제 이름은 리에입니다. 1년 전에 한국에 왔어요. 처음에는 "안녕하세요?"도 말할 줄 모르고 '가, 나, 다, 라'도 읽을 줄 몰라서 많이 힘들었어요. 하지만 한국말을 공부한 후에는 한국 생활도 재미있고 많이 익숙해졌어요. 지난주에는 원룸으로 이사를 했습니다. 짐을 정리한 후 버릴 것들을 가지고 나갔습니다. 그런데 그냥 버리면 안 될 것 같아서 관리인 아저씨에게 물어봤어요.

리　에 : 안녕하세요? 이사를 와서 쓰레기가 좀 많은데…….

아저씨 : 아, 3층에 이사 오신 분이시죠? 일반 쓰레기는 저기 녹색 통에 버리세요.

리　에 : 음식 쓰레기는 다른 쓰레기와 같이 버리면 안 되지요?

아저씨 : 네, 음식 쓰레기는 그 옆에 있는 빨간 통에 따로 버리세요.

리　에 : 이 종이 박스들은 오늘 버려도 돼요?

아저씨 : 아니요, 재활용품은 잘 분리하셔서 매주 토요일에 버리셔야 합니다.

리　에 : 네, 알겠습니다. 고맙습니다.

1　리에 씨는 한국에 와서 처음에 왜 힘들었습니까?

2　음식 쓰레기를 일반 쓰레기와 같이 버려도 됩니까?

3　종이 박스는 언제 버려야 합니까?

단어 生词　26-11

- 익숙하다 熟悉
- 관리인 管理员
- 통 桶
- 재활용품 可回收垃圾
- 짐 行李
- 일반 普通
- 따로 另外
- 정리하다 收拾/整理
- 녹색 绿色
- 분리하다 分类

보기　밤　차　병　배　눈　말

1. (　　) 어제 (🚢)에서 (🍎)를 먹었는데 갑자기 (🤰)가 아팠어요.

2. (　　) (⛄)이 오는 날에는 사랑하는 사람의 (👁)이 더욱 아름답습니다.

3. (　　) (🐎)을 타고 가면서 친구와 여러 가지 (🗣)을 했어요.

4. (　　) 고속도로에서 운전할 때 피곤하면 (🚗)에서 내려서 휴게소에서 (☕)를 마시면 좋아요.

5. (　　) 추운 겨울 (🌙)에 애인과 데이트하면서 (🌰)을 먹으면 정말 맛있어요.

6. (　　) 일을 너무 많이 해서 (🤒)이 났어요. 그래서 (🍶)에 있는 약을 먹었어요.

1. 배 2. 눈 3. 말 4. 차 5. 밤 6. 병

垃圾袋

　　在韩国扔垃圾要用垃圾袋。由于每个地方的垃圾袋都不同，因此，最好是在自己家附近的超市买垃圾袋。垃圾袋分为5L、10L、20L、50L、100L，大小不同，价格也不同。垃圾袋的使用有详细说明和规定，只要根据规定使用就可以了。以前，不论什么垃圾袋都可以装垃圾。但是，从1995年开始，必须根据制度使用规定的垃圾袋。食物垃圾必须另外扔，可回收垃圾也要根据种类进行分类回收。由于垃圾袋要花钱买，所以，大家都尽可能地减少垃圾的产生。如果将再利用品进行彻底的分类，就能够大大减少垃圾。再考虑到环境的话，少用少扔的智慧似乎必不可少。

방을 못 구해서 걱정이에요
还没找到房间，所以很担心

🔘 27-01

야마다 : 하숙집을 옮기고 싶은데 방을 못 구해서 걱정이에요.

민 지 : 이사하려고요? 왜요?

야마다 : 너무 멀어서요. 조금 비싸도 학교 근처로 옮기고 싶어요.

민 지 : 하숙집을 소개하는 인터넷 사이트가 있으니까 거기에

들어가서 찾아보세요.

야마다 : 아, 그렇게 하는 방법도 있군요.

민 지 : 야마다 씨 마음에 드는 방이 있었으면 좋겠네요.

27-02

◎ 단어 生词

　□ 옮기다 **搬**　　　　　□ 구하다 **找**　　　　　□ 걱정 **担心**
　□ 사이트 **网站**　　　　□ 방법 **方法**

．．

山田 ：　我想搬到别的寄宿房，可是还没找到房间，所以很担心。

敏智 ：　想搬家吗？ 为什么？

山田 ：　太远了。就算房费贵也想搬到学校附近。

敏智 ：　有介绍寄宿房的网站，你在那儿找一找吧。

山田 ：　啊，还有那样的方法。

敏智 ：　希望有一间称你心意的房间。

문법 语法

1 -아/어도

⤷ 用于谓词词干后，表示在前一个状态之后，仍出现某种行为或动作。

보기 例　내일 비가 와도 산에 갑니까?　明天下雨也爬山吗？

　　　　책을 읽어도 잘 모르겠습니다.　即使看了书也看不懂。

　　　　열심히 연습해도 한국말 실력이 좋아지지 않아요.　尽管努力练习，韩语实力也不见长。

2 -았/었으면 좋겠다

⤷ 表示说话者的希望。这里的 '-았/었/였' 不表示过去时态，而是表示希望的完了状态。也可以用 '-(으)면 좋겠다'。

보기 例　내일 소풍 가는데 날씨가 **좋았으면 좋겠어요**.　明天去郊游，要是天气好就好了。

　　　　방이 좀 **컸으면 좋겠어요**.　要是房间大一点就好了。

　　　　숙제가 많지 **않았으면 좋겠어요**.　要是作业不多就好了。

1

보기

몸이 아프다 / 회사에 가야 합니다.

몸이 아파도 회사에 가야 합니다.

(1) 힘들다 / 끝까지 할 거예요.

(2) 보고 싶다 / 만날 수 없어요.

(3) 돈이 많다 / 쓰지 않아요.

(4) 시간이 없다 / 아침 식사를 꼭 하세요.

(5) 매일 연습을 하다 / 발음이 잘 안 됩니다.

2

보기

가 : 값이 비싸면 안 사실 거예요?
나 : 아니요, 값이 비싸도 살 거예요.

(1) 내일 비가 오면
시합 안 해요?

(2) 많이 자서
졸리지 않겠네요.

(3) 약을 먹으니까
머리가 안 아프세요?

(4)　설명서를 읽으니까
　　　사용 방법을 알겠어요?

(5)　　　　　이야기하면
　　　아이들이 말을 잘 들어요?

뛰지 마!

3

27-05

보기

목이 말라서 시원한 물을 마시다

목이 말라서 시원한 물을 마셨으면 좋겠네요.

(1) 식구가 많으니까 큰 집에서 살다

(2) 멋있는 사람과 결혼하다

(3) 시험이 어렵지 않다

(4) 휴가에 스키를 타러 가다

(5) 사업을 해서 돈을 많이 벌다

4

가 : 회사에서 집이 너무 멀어서 힘들지요?
나 : 네, 집이 가까웠으면 좋겠어요.

(1) 그 학교는 겨울 방학이 짧은 것 같네요.

(2) 영어 안내서가 없어서 불편해요?

(3) 내일 눈이 많이 오면 놀러 가지 못하죠?

(4) 아르바이트 일이 늦게 끝나요?

(5) 고등학교에서 시험을 너무 많이 보죠?

1   들고 맞는 것을 고르십시오.   27-08
     听后选出正确项。

   (1)

       ① 겨울에 방이 춥지 않습니다.

       ② 여자는 친구들과 살고 있습니다.

       ③ 여자는 방이 넓지 않아도 친구들을 초대합니다.

   (2)

       ① 여자는 시험공부를 못했지만 남자는 했습니다.

       ② 공부를 하지 않아도 시험을 잘 볼 수 있습니다.

       ③ 시험 문제가 쉬웠으면 좋겠습니다.

2   들고 대답하십시오.   27-09
     听后回答。

   (1) 남자는 왜 잠을 잘 수가 없습니까?

   (2) 남자는 옆 방 사람에게 가서 말했습니까?

3   들고 대답하십시오.   27-10
     听后回答。

   (1) 지금 어떤 문제가 있습니까?

   (2) 비가 오면 테니스 대회를 안 할 것 같습니까?

이상형을 찾아봅시다!

어떤 타입의 남자 친구(여자 친구)를 찾고 있어요? 이상형을 찾아봅시다.
你想找什么类型的男朋友(女朋友)? 找一下喜欢的类型。

| 1 | 데이트할 때 식사비는 반반씩 나누어서 냈으면 좋겠어요. | ⇨ | 네 → 3번으로, 아니요 → 2번으로 |

| 2 | 결혼식은 큰 호텔에서 했으면 좋겠어요. | ⇨ | 네 → 5번으로, 아니요 → 3번으로 |

| 3 | 돈이 많고 바쁜 사람보다 돈이 없어도 같이 시간을 보낼 수 있는 사람이 좋아요. | ⇨ | 네 → 4번으로, 아니요 → 5번으로 |

| 4 | 같이 운동이나 취미 생활을 할 수 있었으면 좋겠어요. | ⇨ | 네 → 8번으로, 아니요 → 7번으로 |

| 5 | 부모님이 반대해도 결혼할 수 있어요. | ⇨ | 네 → 8번으로, 아니요 → 11번으로 |

| 6 | 여행 중에 만난 사람과도 사귈 수 있어요. | ⇨ | 네 → 9번으로, 아니요 → 8번으로 |

| 7 | 결혼할 사람이 나보다 좋은 학교를 졸업했으면 좋겠어요. | ⇨ | 네 → 10번으로, 아니요 → 8번으로 |

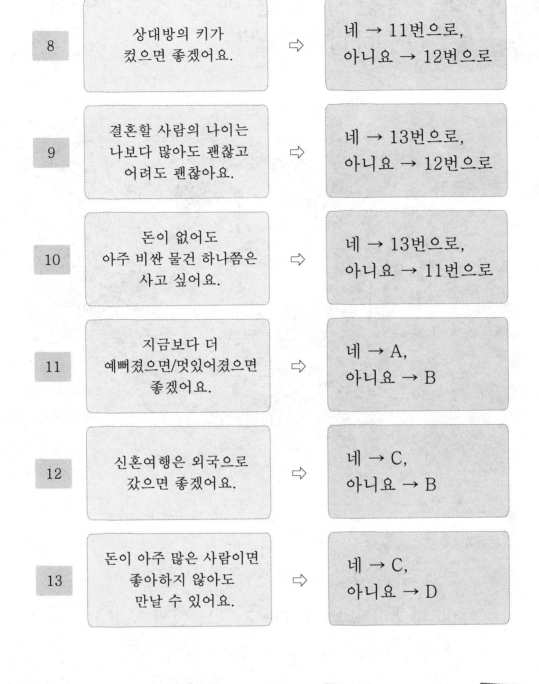

8	상대방의 키가 컸으면 좋겠어요.	네 → 11번으로, 아니요 → 12번으로
9	결혼할 사람의 나이는 나보다 많아도 괜찮고 어려도 괜찮아요.	네 → 13번으로, 아니요 → 12번으로
10	돈이 없어도 아주 비싼 물건 하나쯤은 사고 싶어요.	네 → 13번으로, 아니요 → 11번으로
11	지금보다 더 예뻐졌으면/멋있어졌으면 좋겠어요.	네 → A, 아니요 → B
12	신혼여행은 외국으로 갔으면 좋겠어요.	네 → C, 아니요 → B
13	돈이 아주 많은 사람이면 좋아하지 않아도 만날 수 있어요.	네 → C, 아니요 → D

A
스타일이나 얼굴을 중요하게 생각하는군요. 장동건, 이영애 같은 사람을 찾고 있는 건 아닙니까?

B
처음 만났을 때의 느낌을 가장 중요하게 생각하는군요. 첫인상이 좋지 않으면 바꾸기가 쉽지 않아요.

C
수입이나 학력을 중요하게 생각하는 사람입니다. 모험보다는 안정적이고 편안한 생활을 원하는군요.

D
자신과 비슷한 사람을 찾는 사람입니다. 같은 취미를 가진 사람을 만나면 좋겠군요.

시간이 정말 빠른 것 같아요
时间过得真快

28-01

앙 리: 다음 주에 귀국하시지요?

히로미: 네, 비행기 표도 예약하고 짐도 벌써 부쳤어요.

앙 리: 헤어지기 섭섭하네요. 그동안 여러 가지로
고마웠는데······.

히로미: 시간이 정말 빠른 것 같아요. 제가 한국에 온 지 벌써
1년이 되었어요.

앙 리: 일본에 가서도 한국말을 계속 공부하실 거죠?

히로미: 네, 그러려고요. 그래서 한국어 책도 사 가요.

28-02

◎ 단어 生词

- 귀국하다 回国
- 예약하다 预订
- 짐 行李
- 헤어지다 分开
- 섭섭하다 舍不得
- 벌써 已经

亨利 :　下周回国吧?

宏美 :　是，飞机票预订好了，行李也已经寄了。

亨利 :　真舍不得分开啊。这段时间有很多事情要感谢你。

宏美 :　时间过得真快。我来韩国已经一年了。

亨利 :　回日本以后也会继续学韩语吧?

宏美 :　是那样打算的。所以还买了韩语书。

语法

1 -(으)ㄴ 지

↳ 表示自发生某种行为以来经过一段时间。

보기 例　서울로 이사 온 지 10년이 되었습니다.　搬到首尔十年了。

　　　밥을 먹은 지 30분밖에 안 됐는데, 벌써 배가 고파요.　吃完饭还不到30分钟，就已经饿了。

　　　가족을 만난 지 여러 달이 지났어요.　自从见到家人算起已经过了几个月。

2 -아/어 가다/오다

↳ 用于动词词干后，表示并同某一事情的结果，移动场地。

보기 例　초대를 받으면 보통 작은 선물을 사 갑니다.

　　　接到请帖后，通常要买一个小礼物带过去。

　　　집에서 이 책을 읽어 오세요.　回家把这本书读一下。

　　　내일 산에 갈 때 김밥을 만들어 갈까요?　明天爬山时带紫菜包饭去吗?

1

보기

회사에서 일하다 / 3년이 됐다

회사에서 일한 지 3년이 됐어요.

(1) 이 자동차를 사다 / 12년이 됐다

(2) 아기가 태어나다 / 벌써 10개월이 됐다

(3) 요리학원에 다니다 / 한 달이 지났다

(4) 그림을 배우다 / 아직 일주일 밖에 안됐다

(5) 친구가 프랑스로 유학가다 / 1년 반이 지났다

2

(1) 5년 전   (2) 3년 전   (3) 1년 반 전

보기 10개월 전   (4) 3주 전   (5) 4시간 전

보기 가 : 한국에 온 지 얼마나 됐어요?
　　　나 : 한국에 온 지 10개월 됐어요.

3

보기

오늘은 □ 왔어요. ⇨ 오늘은 도시락을 싸 왔어요.

(1) 도서관에서 □ 왔어요.

(2) 집에서 □ 오세요.

(3) 앙리 씨 집에 갈 때  □ 갈까요?

(4) 내일까지  □ 가야 합니다.

(5) 산에 갈 때  □ 갔어요.

4

보기

케이크를 만들다 / 오겠습니다.

가 : 파티할 때 뭘 준비하시겠어요?
나 : 케이크를 만들어 오겠습니다.

(1) 이 문법으로 문장을 만들다 / 오세요.

오늘 숙제는 뭐예요?

(2) 화장품을 사다 / 갈 거예요.

친구들에게 뭘 선물하실 거예요?

(3) 아니요, 친구에게서 빌리다 / 왔어요.

이 카메라는 야마다 씨 거예요?

(4) 그럼 집에서 쓰다 / 오세요.

선생님, 이야기를 다 쓰지 못했는데요.

(5) 제가 제주도에서 찍다 / 온 사진이에요.

이 사진은 무슨 사진이에요?

28-07

단어 生词　　□ 태어나다 出生　□ 싸다 便宜　□ 문법 语法

1 듣고 대답을 쓰십시오. 28-08
听后写答案。

(1) 내일은 왜 파티를 하려고 합니까?

(2) 다음 달에도 이 친구들과 다 같이 공부합니까? 왜요?

(3) 제니 씨는 커피하고 케이크를 사 오려고 합니까?

(4) 마실 것을 준비해 오는 사람은 누구입니까?

MEMO

다음 주에 미국으로 돌아갑니다

　다음 주에 미국으로 돌아갑니다. 한국에 올 때는 6개월 정도만 있을 계획이었는데 한국 생활이 재미있어서 1년 반이나 살았습니다. 요즘은 한국 음식에 관심이 많아져서 음식을 먹어 보고 만들어 보는 게 취미가 되었습니다. 미국에 가면 한국 음식점을 해 보고 싶은 생각도 있습니다.

　저는 사람들 사귀는 것을 좋아해서 한국에 아는 사람이 많습니다. 그 사람들이 송별회를 해 주어서 어제까지 송별회를 5번이나 했습니다. 그동안 신세진 분들도 많이 있는데 한 분씩 찾아가서 인사드리지는 못하고 메일이나 문자로 인사를 했습니다.

　오늘은 아침 일찍부터 짐 정리를 했습니다. 한국에 올 때 가져온 짐은 가방 하나가 전부였는데 지금 보니까 짐이 너무 많아졌습니다. 한국에 와서 산 물건 중에 3단 서랍장과 테이블, 그리고 자전거가 있는데 가져갈 수 없으니까 친구에게 주고 가야 할 것 같습니다.

　처음 한국에 왔을 때는 힘든 일도 많고 고생도 했지만 그래도 한국에서 지낸 1년 반은 좋은 추억으로 남을 것 같습니다.

---

1 위 글을 읽고 맞는 것을 모두 고르십시오. **请选出与上文相符项。**

① 이 사람은 한국에 온 지 1년 6개월쯤 되었습니다.

② 이 사람은 오래 전부터 음식점을 하려고 생각했습니다.

③ 이 사람은 한국에서 신세진 사람들을 직접 만나서 인사했습니다.

④ 한 달 전부터 짐을 정리했기 때문에 짐이 많지 않습니다.

⑤ 너무 커서 못 가져가는 물건들을 친구에게 주려고 합니다.

 단어 生词　🔘 28-09

□ 관심 **兴趣**	□ 송별회 **送别会**	□ 신세지다 **添麻烦**
□ 전부 **全部**	□ 3단 서랍장 **三层抽屉**	□ 고생 **苦楚**
□ 추억 **回忆**	□ 남다 **留下**	

제29과 콘서트 어땠어요?
演唱会怎么样?

29-01

이리나 : 주말에 한국 가수 콘서트에 갔지요? 어땠어요?

야마다 : 멋있었어요. 이번이 다섯 번째였는데 갈 때마다 좋아요.

이리나 : 다섯 번이나요? 많이 가 보셨네요.

야마다 : 한국에 와서 매달 한 번씩 갔어요. 제가 한국 노래를
         좋아하거든요.

이리나 : 저도 한번 가 보고 싶은데 인기 있는 가수의 공연은 표를
         사기가 힘들죠?

야마다 : 네, 이번에도 예매를 시작한 지 두 시간 만에 매진됐어요.

🔘 29-02

◎ 단어 生词

◻ 매달 每个月　　　　　　　◻ –씩 每　　　　　　◻ 힘들다 难

◻ 매진되다 售完

伊利娜	:	周末去韩国歌手的演唱会了吧? 怎么样?
山田	:	很酷。这次是第五次，每次去都很满意。
伊利娜	:	五次啊? 你去过好多次啊。
山田	:	来韩国以后每个月去一次。因为我喜欢韩国歌。
伊利娜	:	我也想去看一次，人气歌手的表演票是不是很难买啊?
山田	:	是，这次也是预售开始两个小时后，就卖光了。

 语法

1 -째

➥ 用于数数量的单位后表示其数目体现的效果。表示次序或等级时用法如下，'첫째'(第一), '둘째'(第二), '셋째'(第三)。

보기 例 　한국에 온 것이 이번이 세 번째입니다. 　这是第三次来韩国。

맛있어서 두 그릇째 먹고 있어요. 　因为 (饭) 很好吃，这已经是第二碗了。

매달 둘째, 넷째 토요일이 휴일이에요. 　每个月第二，第四个星期六是公休日。

2 -거든요

➥ 用于词干后，表示理由。主要说明对方不知道的理由时用。

보기 例 　가 : 아침에 보통 몇 시에 나오세요? 　你一般早上几点出发?

나 : 저는 7시에 나와요. 집이 인천이거든요. 　我7点出发。因为我家在仁川。

가 : 요즘 어떻게 지내세요? 　最近过得怎么样?

나 : 좀 바빠요. 취직했거든요. 　有点忙。因为就职了。

조금 이따가 드세요. 지금 뜨겁거든요. 　等一会儿吃吧。现在很烫。

3 -만에

↪ 用于表示时段的名词后，表示自某一事情发生以来至另一事件发生之前间隔的时间。常与 '-(으)ㄴ 지' (参考28课语法1) 一起用。

보기 例　오래간**만에** 옛날 음악을 들으니까 좋은데요.　隔了很久再听以前的音乐，感觉真好。

컴퓨터를 고친 지 한 달 **만에** 또 고장이 났어요.　修好的电脑没过一个月又出毛病了。

두 사람은 만난 지 1년 **만에** 결혼했습니다.　他们俩认识不到一年就结婚了。

句型练习

1

29-03

보기

내일 만나면 **7** 만나는 거예요.

내일 만나면 일곱 번째 만나는 거예요.

(1) 제주도 여행은 이번이 **2** 입니다.

(2) 오늘 **1** 손님이세요.

(3) 오늘은 제 딸의 **11** 생일이에요.

(4) **100** 들어오는 분에게 선물을 드립니다.

(5) 왼쪽에서 **3** 자리가 제 자리입니다.

2

보기

아버지 생신이다

가 : 빵 사러 가세요?
나 : 네, 케이크를 사려고요.
　　아버지 생신이거든요.

(1) 미국에서 친구가 오다

가 : 어디에 가세요?
나 : 공항에 가요.

(2) 내일 시험 보는 날이다

가 : 오늘 모임에 나올 수 있어요?
나 : 아니요, 못 갈 것 같아요.

(3) 사람들이 알면 안 되다

가 : 사람들에게 이 사실을 말할까요?
나 : 아니요, 말하지 마세요.

(4) 오늘 휴대폰을 안 가지고 왔다

가 : 이리나 씨한테서 연락
　　받으셨어요?
나 : 아니요, 못 받았어요.

(5) 제가 한 시간이나 늦었다

가 : 여자 친구하고 왜 말을 안 하세요?
나 : 여자 친구가 화가 났어요.

3

보기

다이어트를 시작하다 / 보름 / 5kg이 빠지다

다이어트를 시작한 지 보름 만에 5kg이 빠졌어요.

(1) 회의를 시작하다 / 두 시간 / 끝나다

(2) 회사에 들어가다 / 3년 / 그만두다

(3) 휴대폰을 사다 / 두 달 / 잃어버리다

(4) 남자 친구를 사귀다 / 1년 / 헤어지다

(5) 비가 오다 / 30분 / 그치다

4

가 : 얼마 만에 친구들을 만났어요?
나 : 1년 만에 만났어요.

(1) 얼마 만에 한국에 오신 거예요?

(2) 두 분이 얼마 만에 연락하셨어요?

(3) 소개 받은 지 얼마 만에 결혼하셨어요?

(4) 부산에서 출발한 지 얼마 만에 도착하신 거예요?

(5) 입원한 지 며칠 만에 퇴원했어요?

단어 生词　□ 화가 나다 **生气**　□ 보름 **十五**　□ 살이 빠지다 **减体重**　□ 들어가다 **进**　□ 그치다 **停了**
□ 입원하다 **住院**　□ 퇴원하다 **出院**

230

듣기

1 듣고 대답을 쓰십시오. 29-08
   听后写答案。

   (1) 남자는 한국에 온 지 얼마나 되었습니까?

   (2) 남자는 처음에 왜 힘들었습니까?

2 듣고 다른 것을 고르십시오. 29-09
   听后选出不同的项。

   ① 남자는 전에 1년쯤 한국에서 살면서 한국말을 배웠습니다.

   ② 남자는 작년에는 한국에 오지 않았습니다.

   ③ 남자는 한국에 온 지 이틀밖에 되지 않았습니다.

3 듣고 대답을 쓰십시오. 29-10
   听后写答案。

   (1) 남자가 인도에 가는 이유는 무엇입니까?

   (2) 남자는 한국에 온 지 얼마 만에 인도에 가는 것입니까?

싸게 팝니다

자기 물건 중에서 팔고 싶은 것을 가지고 와서 사람들에게 팔아 봅시다.
自己的物品当中，把想卖的东西拿过来，卖给周围的人。

보기

한국 드라마를 보면 한국어 실력도 좋아질 거예요. 저는 이 드라마에 나오는 단어나 문장을 많이 외우고 있어요. 10번 이상 봤거든요. 한국 드라마를 좋아하시는 분께 5,000원에 팔겠습니다.

작년 겨울에 한국에 왔을 때 너무 추워서 산 거예요. 필리핀으로 돌아가면 이런 옷이 필요 없으니까 팔려고 합니다. 아주 따뜻하고 가벼워서 겨울에 꼭 필요한 옷입니다. 15,000원에 드립니다.

선풍기

청소기

세탁기

전기밥솥

다리미

헤어드라이어

면도기

가습기

히터

공기청정기

식기세척기

전자레인지

음식을 많이 차리셨네요
菜准备得好丰盛啊

🔊 30-01

제 니: 초대해 주셔서 감사합니다. 이거 제가 만든 케이크예요.

상 우: 그냥 오셔도 되는데…….

(잠시 후)

제 니: 음식을 많이 차리셨네요. 준비하는 데 시간이 많이
걸렸겠어요.

상 우: 제가 음식 만드는 걸 좋아해서 힘들지 않았어요.

제 니: 된장찌개가 참 맛있네요. 그런데 된장은 뭐로 만들어요?

상 우: 콩으로 만들어요. 옛날에는 집에서 담갔지만 요즘은 보통
사 먹어요.

30-02

◎ 단어 生词

- 그냥 **空手**
- (음식을) 차리다 **准备**
- 된장찌개 **大酱汤**
- 콩 **大豆, 黄豆**
- 담그다 **腌**
- 사 먹다 **买来吃**

珍妮 : 谢谢你的招待。这是我自己做的蛋糕。

相佑 : 空手来就好，还……

(过一会儿)

珍妮 : 菜准备得好丰盛啊。准备了很长时间吧。

相佑 : 我喜欢做菜，所以不觉得累。

珍妮 : 大酱汤挺好喝的。可大酱用什么做的呢?

相佑 : 用黄豆做。以前都是在家自己做，可是最近通常都买来吃。

语法

1 -(으)로

↳ 表示材料的助词。

보기 例 종이로 인형을 만들었습니다.　用纸做了娃娃。

장미꽃으로 꽃다발을 만들어서 친구한테 주었어요.　用玫瑰做了花束送给了朋友。

이 빵은 무엇으로 만든 빵이에요?　这个面包是用什么做的?

2 -는 데

↳ 表示"情况"或"事情"的不完全名词 '데' 后常接 '시간이 걸리다' 或 '돈이 들다' 等，表示做某种
事情时，花费时间和金钱的意思。

보기 例 책 한 권을 읽는 데 3시간밖에 안 걸렸어요.　读完一本书只用了3个小时。

요즘은 결혼식하는 데 돈이 얼마나 들어요?　最近举办婚礼需要多少钱?

파티 준비하는 데 지난번보다 시간은 더 많이 걸렸지만 비용은 적게 들었어요.
准备晚会时花得时间比上次多，可是费用却比上次花得少了。

1

보기

집에서 학교까지 가다 / 45분

가 : 집에서 학교까지 가는 데 시간이 얼마나 걸려요?
나 : 집에서 학교까지 가는 데 45분쯤 걸려요.

(1) 파마하다 / 1시간 반

(2) 그림을 한 장 그리다 / 하루나 이틀

(3) 비자가 나오다 / 3-4일

(4) 삼계탕을 만들다 / 2시간

(5) 이 음악 시디를 다 듣다 / 1시간 반

2

보기

3박4일 다녀오다 / 30만 원

가 : 3박4일 다녀오는 데 돈이 얼마나 들어요?
나 : 3박4일 다녀오는 데 30만 원 쯤 들어요.

(1) 서울에서 한 달 생활하다 / 100만 원

(2) 머리 자르고 염색하다 / 5만 원

(3) 한정식 집에서 4명이 밥 먹다 / 15만 원

(4) 자동차를 하루 빌리다 / 10만 원

(5) 한복을 한 벌 맞추다 / 90만 원

3

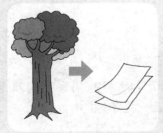

보기

나무 / 종이

나무로 종이를 만들어요.

(1) 우유 / 치즈	(2) 쌀 / 떡	(3) 콩 / 두부

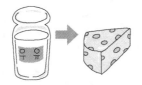  

(4) 포도 / 잼	(5) 밀가루 / 과자

4

30-06

보기

> 가죽
>
> 가 : 이 구두는 무엇으로 만들었어요?
> 나 : 가죽으로 만들었어요.

(1) 소고기

불고기는 무엇으로 만들어요?

(2) 플라스틱

이 장난감은 무엇으로 만들었어요?

(3) 얼음

팥빙수는 무엇으로 만들어요?

(4) 실크

그 스카프는 무엇으로 만들었어요?

(5) 과일과 야채

이 녹즙은 무엇으로 만들었어요?

 30-07

단어 生词　□ 하루 一天　□ 이틀 两天　□ 다녀오다 去了一趟　□ 염색하다 染发　□ 밀가루 面粉
□ 가죽 皮革　□ 플라스틱 塑料　□ 얼음 冰　□ 실크 丝绸　□ 스카프 围巾　□ 녹즙 绿汁

1 듣고 대답을 쓰십시오. 🔘 30-08
听后写答案。

(1) 이 남자는 주말에 어디에 다녀왔습니까?

(2) 대전까지 가는 데 시간이 얼마나 걸렸습니까?

(3) 이 남자와 친구는 언제 어떻게 친해졌습니까?

(4) 한국 친구의 집에서 무엇이 재미있었습니까?

(5) 이 여자는 왜 바닥에서 자는 것을 좋아합니까?

MEMO

김치케이크

김치는 한국의 대표적인 음식으로 한국 사람들의 식탁에는 항상 김치가 있습니다. 그래서 "밥을 먹을 때 다른 반찬이 많아도 김치가 없으면 이상해요.", "설렁탕이나 칼국수를 먹을 때는 꼭 김치가 있어야 해요."라고 말합니다. 제가 먹어 본 김치는 배추김치, 깍두기, 파김치, 물김치 등이 있는데 이 중에서 저는 깍두기를 좋아합니다.

김치를 그냥 먹는 것도 맛있지만 한국 사람들은 김치를 이용해서 여러 가지 음식을 만듭니다. 김치찌개, 김치볶음밥, 김치전, 김치김밥, 김치만두 등은 모두 아시지요? 그런데 얼마 전 텔레비전에서 김치초콜릿, 김치햄버거, 김치케이크를 소개하는 것을 보았습니다. 서양 음식과 김치와의 만남인 것 같은데 여러분은 이런 것들을 먹어 보셨습니까? 저는 김치 초콜릿을 한 번 먹어 본 일이 있습니다. 먹기 전에 '어떤 맛일까? 이상하지 않을까?' 생각했는데 먹어 보니까 초콜릿과 김치 맛이 잘 어울려서 생각보다 괜찮았습니다. 생크림케이크 위에 김치가 있는 김치케이크는 맛이 어떨까요? 기회가 있으면 한번 먹어 보고 싶습니다.

1   이 사람이 먹어 본 김치는 무슨 김치입니까?

2   김치로 만드는 음식은 어떤 것이 있습니까?

3   김치초콜릿을 먹어 보니까 맛이 어땠습니까?

4   여러분이 알고 있는 재미있는 음식을 소개해 보십시오.

단어 生词 30-09

□ 대표적 代表性的	□ 식탁 饭桌	□ 항상 总
□ 배추김치 白菜泡菜	□ 깍두기 萝卜块儿泡菜	□ 파김치 葱泡菜
□ 물김치 酸萝卜泡菜	□ 이용하다 用	□ 김치전 泡菜饼
□ 얼마 전 前不久	□ 서양 西洋	

서재

욕실 /
화장실

안방

부엌

거실

창고

현관

마당

담

대문

地暖

很多外国人说："韩国有地暖，即使是寒冷的冬天，家中也是很温暖的，真是太舒服了。"大家知道韩屋地暖的原理吗？在房间的地板下面放置扁平的石头，灶里生火时的热气传递给石头，然后渐渐扩散到整个房间的地板，是一个可以使暖气保持很长时间的装置，而灶里产生的烟则通过烟囱排出去。这种地暖到了现代已经发生了变化。现在的公寓或住宅都是在房间地板下安置铜管或地暖专用塑料软管，然后使锅炉烧的热水在里头循环，以这种方式来加热地板供暖。传统的地暖是通过灶生火，而现代的地暖变成了锅炉，与此同时，木柴也变成了木炭、石油、天然气。

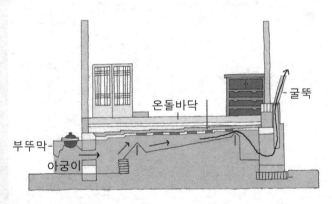

굴뚝
온돌바닥
부뚜막
아궁이

附 录

答案

1과

<듣기>

1 (1) ② (2) ④ (3) ① (4) ② (5) ③

2과

<듣기>

1 뭘 하려고, 여름옷이 없어서, 만날 수, 손님이 오셔서, 바빠요

2 (1) 무거워서 혼자 들 수 없습니다.

(2) 말이 빠르고 어려워서 보지 않아요.

(3) 집이 가까워서 걸어서 옵니다.

(4) 매워서 잘 못 먹습니다.

<읽기>

1 114에 전화합니다.

2 숫자 듣기가 어려워서 긴장했습니다.

3 지역 번호 02도 함께 저장했습니다.

3과

<듣기>

1 (1) 가방을 사려고 합니다.

(2) 값도 싸고 주문하면 2~3일 후에 집에서 받을 수 있어서 좋습니다.

(3) 아니요, 화장품도 사고 김치도 사고 뭐든지 인터넷으로 삽니다.

2 (1) O (2) X (3) O (4) X (5) O

4과

<듣기>

1 (1) ② (2) ① (3) ②

2 (1) ②, ① (2) ②, ①

<읽기>

1 ① 유자차 – 향이 좋고 비타민C가 많습니다.

② 국화차 – 가을 분위기를 느낄 수 있습니다.

③ 오미자차 – 맛이 깨끗하고 정말 시원합니다.

④ 인삼차 – 몸이 약한 사람에게 좋습니다.

5과

<듣기>

1 자는, 보는, 읽는, 듣는, 하는, 이야기하는, 이런, 구경하는, 싫어하는, 큰, 전화하는

2 (1) 근처에 공원도 있고 조용하니까 참 좋습니다.

(2) 지하철역에서 머니까 좀 불편합니다.

6과

<듣기>

1 (1) O (2) O (3) O (4) X

2 (2) O (2) O (3) X

<읽기>

1 고등학교를 졸업한 후부터 혼자 살았습니다.

2 과일과 빵을 먹거나 삼각 김밥하고 우유나 요구르트를 먹습니다.

3 주말에 찌개나 국을 끓이지만 혼자서 먹으면 맛이 없어서 치킨이나 피자를 시켜 먹습니다.

7과

<듣기>

1 (1) ③ (2) ⑤ (3) ② (4) ① (5) ④

2 (★) (★) (★) (★) (☆) (★) (★) (★) (★)

8과

<듣기>

1 (1) ④ (2) ② (3) ①

2 (1) X (2) O (3) X

<읽기>

1 쇼핑 장소로도 유명하지만 요즘은 세계 여러 나라의 음식을 맛볼 수 있는 곳으로도 유명합니다.

2 지하철 6호선을 타고 이태원역에 내려서 1번 출구로 나가면 해밀턴 호텔이 있습니다. 그 뒤쪽으로 걸어가면 레스토랑이 많이 있습니다.

3 인도 음식점에 가서 닭고기 카레를 먹었습니다.

9과

<듣기>

1 (1) ① O ② X
 (2) ① X ② O
 (3) ① X ② O

10과

<듣기>

1 (1) ② (2) ③
2 (1) ② (2) ②

<읽기>

1 색도 마음에 들고 입으면 정말 편하기 때문입니다.
2 네, 이리나 씨도 아끼는 옷이 한두 벌 있습니다.
3 이리나 씨가 직접 만든 건데 크고 가벼워서 자주 드는 가방입니다.

11과

<듣기>

1 (1) X (2) O (3) O (4) X
2 ③

12과

<듣기>

1 (1) ①
 (2) 지난주 : 따뜻했습니다.
   오 늘 : 바람도 많이 불고 어제보다 춥습니다.
 (3) ① O ② X ③ X

<읽기>

1 3월에 시작됩니다.
2 7월 중순부터 8월 중순까지 휴가를 많이 떠납니다. 학교도 방학이고 너무 더워서 일을 하기가 어렵기 때문입니다.
3 덥지도 않고 춥지도 않은 시원한 날씨입니다.
4 크리스마스, 설날, 그리고 긴 겨울방학이 있기 때문입니다.

13과

<듣기>

1 (1) ① O ② O ③ X ④ X
 (2) ① X ② O ③ X ④ O

14과

<듣기>

1 (1) ① (2) ② (3) ① (4) ③ (5) ③ (6) ②

<읽기>

1 비가 오면 덥지 않고 시원하니까 따뜻한 국물이 먹고 싶기 때문입니다.
2 군고구마, 호떡, 찐빵 등이 있습니다.

15과

<듣기>

1 (1) O (2) X (3) O (4) X (5) O

16과

<듣기>

1 (1) ① O ② X ③ X
 (2) ① O ② X ③ X
 (3) ① O ② X ③ O

<읽기>

1 발음이 잘 안되고 특히 듣기연습을 할 때 잘 듣지 못합니다.
2 책을 읽는 것이 더 쉽습니다.
3 에밀리 씨가 말하면 한국 사람들이 잘 알아듣지 못하니까 창피했습니다.
4 실수하지 않으려고 너무 많이 생각하기 때문입니다.

17과

<듣기>

1

대화	그림 번호	어떤 문제가 있습니까?	어떻게 해결했습니까?
(1)	③	모르는 단어가 있습니다.	남자가 사전을 빌려 주었습니다.
(2)	①	시장에 가 보고 싶은데 길을 잘 모릅니다.	남자가 같이 가 주려고 합니다.
(3)	②	선생님 휴대폰 번호를 모릅니다.	여자가 가르쳐 주었습니다.

18과

<듣기>

1 (1) 화요일과 목요일에 일찍 일어나야 합니다.
 (2) 우체국과 은행에 가야 합니다.

(3) 집 청소를 하고 세탁소에서 옷을 찾아야 합니다.

2 (1) 네, 됩니다.

(2) 수요일이나 금요일에 가야 합니다.

(3) 30분쯤 기다려야 합니다.

(4) 아니요, 공휴일에 병원 문을 열지 않습니다.

\<읽기>

(1) 환전을 하러

(2) 혼자 간 것이 처음이어서

(3) 달러를 원으로

19과

\<듣기>

1 (1) ④

(2) 어머니 생신이라서 주문하려고 합니다.

(3) 오늘 배달이 됩니다.

2 (1) 토요일 공연을 예약하려고 했습니다.

(2) 연말이라서 표가 없습니다.

(3) ③

20과

\<듣기>

1 (1) ① X   ② O   ③ X

(2) ① X   ② X   ③ O

(3) ① O   ② X   ③ X

\<읽기>

1 시청 앞에서 출발하는 버스를 타고 갔습니다.

2 배를 타고 돌면서 세계 여러 나라의 모습과 인형들을 볼 수 있는 곳입니다.

3 (2), (5), (4), (1), (3)

21과

\<듣기>

1 (1) O (2) X

2 (1) X (2) X

3 (1) 집에 똑같은 게 있어서 바꾸려고 합니다.

(2) 특별세일할 때 산 거라서 환불이 안 됩니다.

4 (1) ①, ③

(2) 놀러갈 때 입으려고 합니다.

22과

\<듣기>

1 (1) X   (2) X   (3) O   (4) O   (5) X

\<읽기>

1 '행복한 우리 집'은 가족이 그리운 사람이라면 누구든지 재미있게 읽을 수 있는 책인 것 같습니다. '좋은 습관'은 대학생이나 취직을 하려는 사람들이 읽으면 좋을 것 같습니다. '와인의 세계'는 와인에 관심이 있는 사람들에게 좋을 것 같습니다.

23과

\<듣기>

1 (1) O   (2) X   (3) O

2 ③

24과

\<듣기>

1 (1) 남자는 발음과 듣기를 어려워합니다.

(2) 여자는 말하기를 어려워합니다.

2 (1) 어자는 남산에 가 보고 싶어합니다.

(2) 친구가 롯데월드에 가 보고 싶어해서 같이 가려고 합니다.

3 (1) 여자가 영화를 재미있어합니다.

(2) 남자는 무서운 영화를 싫어합니다.

4 (1) 남자는 노래 잘하는 사람을 부러워합니다.

(2) 여자는 노래 부르는 것을 좋아합니다.

\<읽기>

1 ②

25과

\<듣기>

1 (1) ①   (2) ②   (3) ①   (4) ②   (5) ①

26과

\<듣기>

1 (1) X   (2) O   (3) X

2 (1) X   (2) O   (3) X

3 (1) O   (2) X   (3) O

<읽기>

1 한국말을 할 줄도 모르고 읽을 줄도 몰라서 힘들었습니다.

2 아니요, 음식 쓰레기는 따로 버려야 합니다.

3 종이 박스는 매주 토요일에 버려야 합니다.

27과

<듣기>

1 (1) ①　(2) ③

2 (1) 옆 방 텔레비전하고 음악 소리가 시끄러워서 잠을 잘 수 없습니다.

　(2) 했지만 조용해지지 않았습니다.

3 (1) 토요일에 테니스대회를 하려고 하는데 비가 올 것 같습니다.

　(2) 비가 와도 테니스대회를 할 것 같습니다.

28과

<듣기>

1 (1) 내일은 이번 달 수업이 끝나는 날이기 때문에 파티를 하려고 합니다.

　(2) 아니요, 다음 달에는 자기 나라로 돌아가거나 공부를 쉬려고 하는 사람들이 많기 때문입니다.

　(3) 아니요, 집에서 만들어 오려고 합니다.

　(4) 마실 것을 준비해 오는 사람은 리밍 씨입니다.

<읽기>

1 ①, ⑤

29과

<듣기>

1 (1) 한국에 온 지 3개월 됐습니다.

　(2) 음식이 너무 매웠기 때문에 힘들었습니다.

2 ②

3 (1) 누나가 결혼을 하기 때문에 인도에 갑니다.

　(2) 한국에 온 지 1년 반 만에 인도에 가는 것입니다.

30과

<듣기>

1 (1) 대전에 사는 한국 친구 집에 다녀왔습니다.

　(2) 1시간밖에 걸리지 않았습니다.

　(3) 한국 친구가 2년 전 미국에 유학 왔을 때 이 사람 집에서 홈스테이를 했는데 그때 이야기

도 많이 하고 친해졌습니다.

　(4) 소파가 있는데 바닥에 앉아서 음식도 먹고 텔레비전도 보는 게 재미있었습니다.

　(5) 겨울에는 따뜻하고 여름에는 시원하기 때문입니다.

<읽기>

1 배추김치, 깍두기, 파김치, 물김치 등이 있습니다.

2 김치찌개, 김치볶음밥, 김치전, 김치김밥, 김치만두, 김치초콜릿, 김치햄버거, 김치케이크 등이 있습니다.

3 초콜릿과 김치 맛이 잘 어울려서 생각보다 괜찮았습니다.

1 듣고 맞는 것을 고르십시오.

(1) 책입니다. 좀 두껍습니다. 제 하숙집 책상 위에 있습니다. 저는 한국말을 공부합니다. 한국말을 공부하면서 자주 이것을 봅니다. 단어를 모르면 이것이 필요하기 때문입니다.

(2) 저는 작년에 미국에 갔습니다. 그때 이것을 타려고 아침 일찍 공항에 갔습니다. 이것은 아주 빠릅니다. 여기에서 식사도 하고 주스도 마셨습니다. 와인도 마실 수 있습니다. 식사 후에 저는 피곤했기 때문에 음악을 들으면서 잠을 잤습니다.

(3) 과일입니다. 여름에 많이 먹습니다. 물이 많고 시원합니다. 저는 이것을 좋아하기 때문에 여름이 되면 가족과 이야기하면서 이것을 자주 먹습니다. 보통 아주 크기 때문에 혼자 다 먹을 수 없습니다.

(4) 보통 집에 있습니다. 그 안에 고기도 있고 과일도 있고 야채도 있습니다. 날씨가 더우면 이것이 아주 필요합니다. 이 안에 있으면 물도 시원하고 야채도 싱싱하기 때문입니다. 저는 언제나 맥주를 사면 시원하게 마시려고 여기에 넣습니다.

(5) 제가 친구에게 편지를 썼습니다. 그리고 친구에게 편지를 보내려고 합니다. 그러나 이것이 없으면 보낼 수 없습니다. 그래서 우체국에서 이것을 샀습니다. 이것은 작지만 그 위에 여러 가지 그림이 있습니다.

1 듣고 빈칸에 쓰십시오.

가 : 점심을 먹고 (뭘 하려고) 해요?

나 : (여름옷이 없어서) 쇼핑을 가려고 해요.

가 : 쇼핑하고 저녁에 (만날 수) 있어요?

나 : 미안하지만 오늘 저녁에는 집에 (손님이 오셔서) 좀 (바빠요). 내일은 어떻습니까?

2 듣고 대답하십시오.

(1) 남 : 그 가방을 혼자 들 수 있어요?

여 : 아니요, 무거워서 혼자 들 수 없어요.

(2) 여 : 한국 텔레비전을 보세요?

남 : 아니요, 말이 빠르고 어려워서 보지 않아요.

(3) 여 : 아침마다 무엇을 타고 오세요?

남 : 집이 가까워서 걸어서 와요.

(4) 여 : 떡볶이도 먹을까요?

남 : 떡볶이는 맛있지만 매워서 잘 못 먹어요.

1 듣고 대답하십시오.

남 : 주영 씨, 지금 무엇을 하고 있어요?

여 : 가방을 사려고 인터넷 쇼핑몰에서 보고 있어요.

남 : 인터넷이 시장이나 백화점보다 싸요?

여 : 네, 조금 더 싸요. 그리고 주문하면 2~3일 후에 집에서 받을 수 있어서 참 좋아요.

남 : 주영 씨는 인터넷으로 물건을 자주 사요?

여 : 네, 저는 뭐든지 필요하면 인터넷으로 사요. 화장품도 사고 김치도 사고……. 아주 편리해요.

2 듣고 그림과 맞으면 O, 틀리면 X 하십시오.

(1) 아들보다 딸이 더 많아요.

(2) 비빔냉면이 물냉면보다 더 비싸지 않아요.

(3) 지하철역에서 은행보다 학원이 더 가까워요.

(4) 형이 동생보다 키가 큽니다.

(5) 전주가 부산보다 더 추워요.

1 듣고 이어지는 대답을 고르십시오.

(1) 여 : 어제 친구하고 영화를 봤어요.

남 : 무슨 영화를 봤어요?

(2) 여 : 제 취미는 음악듣기예요.

남 : 어떤 음악을 좋아해요?

(3) 여 : 저분이 우리 회사 사장님이에요.

남 : 사장님은 어떤 분이에요?

2 들은 내용과 맞는 것을 고르십시오.

(1) 제 방은 창문도 크지 않고 아주 좁아요. 그렇지만 추운 겨울에 아주 따뜻합니다.

(2) 제 동생은 뚱뚱하지 않고 키가 커요. 얼굴도 예쁘고 친절해요. 그리고 머리가 길어요.

(4) 귀걸이를 하고 큰 가방을 메고 있는 사람이
누구입니까?

(5) 반지를 끼고 구두를 신고 있는 사람이 누구입
니까?

5과

1 듣고 빈칸에 쓰십시오.

　　저는 날마다 지하철을 타고 학교에 갑니다. 지
하철을 타면 저는 보통 피곤하기 때문에 잡니다.
지하철 안에는 여러 사람이 있습니다. (자는) 사
람도 있고 신문을 (보는) 사람, 책을 (읽는) 사람,
음악을 (듣는) 사람, 혼자 게임을 (하는) 사람, 친
구와 같이 (이야기하는) 사람도 있습니다.

　　(이런) 사람들을 (구경하는) 것은 재미있지만
가끔 제가 (싫어하는) 사람도 있습니다. 그것은
(큰) 소리로 (전화하는) 사람입니다.

2 듣고 질문에 대답하십시오.

여 : 지금 사는 하숙집이 어때요?

남 : 근처에 공원도 있고 조용하니까 참 좋아요.

여 : 학교에 다니기도 편해요?

남 : 아니요, 지하철역에서 머니까 학교에 다니기
　　는 좀 불편해요.

6과

1 듣고 맞으면 O, 틀리면 X 하십시오.

(1) 2인분 이상 주문할 수 있습니다.

(2) 매운 음식도 있고 맵지 않은 음식도 있습니다.

(3) 이 가게는 배달 전문 가게입니다.

(4) 밤 10시에도 음식을 시킬 수 있습니다.

2 듣고 맞으면 O, 틀리면 X 하십시오.

여 : 감사합니다, 피자나라입니다. 주문하시겠습니까?

남 : 네, 불고기 피자 라지 사이즈로 2판하고 콜라
　　큰 거 한 병요.

여 : 배달 받으실 주소가 어떻게 되십니까?

남 : 동교동 제일빌딩 305호예요. 모두 얼마예요?

여 : 35,900원입니다. 계산은 현금으로 하시겠습니까?

남 : 카드로 계산할 수 있어요?

여 : 네, 하실 수 있습니다.

7과

1 듣고 맞는 번호를 쓰십시오.

(1) 안경을 끼고 시계를 차고 있는 사람이 누구입
니까?

(2) 넥타이를 매고 가방을 들고 있는 사람이 누구
입니까?

(3) 비옷을 입고 우산을 쓰고 있는 사람이 누구입

2 이야기를 들으면서 맞는 색깔을 고르십시오.

　　이 소녀는 언제나 <u>빨간</u> 모자를 쓰고 있기 때문에
별명이 <u>빨간</u> 모자입니다. 소녀는 <u>까만</u> 구두를 신
고 <u>분홍색</u> 가방을 들고 있습니다. 할머니 집으로
가고 있습니다. 가방에는 할머니에게 줄 <u>하얀</u> 빵
과 <u>노란</u> 버터가 있습니다. 길에서 눈이 <u>파란</u>, <u>회색</u>
늑대를 만났습니다. 소녀는 늑대에게 "지금 우리
할머니 집에 가고 있어요. 할머니 집은 저기에 있
는 <u>초록색</u>집이에요."라고 말했습니다.

8과

1 듣고 물건의 번호를 맞는 위치에 쓰십시오.

　　아이들 모자를 사고 싶으세요? 이렇게 가세요.
엘리베이터를 타고 5층에서 내리세요. 5층에서
내려서 왼쪽으로 가면 아이들 옷을 파는 가게가
있고 오른쪽에 인형가게가 있습니다. 그 가게들
을 지나서 오른쪽으로 돌면 아이들의 신발을 팝
니다. 20미터쯤 걸어가서 왼쪽을 보면 에스컬레
이터가 있어요. 그 옆에서 아이들 모자를 팔아요.

2 듣고 맞으면 O, 틀리면 X 하십시오.

　　친구 회사에 가려고 합니다. 먼저 홍대역에서
지하철 2호선을 타고 시청까지 갑니다. 거기서 1
호선으로 갈아타고 서울역까지 가서 지하철 4호
선으로 갈아탑니다. 4호선을 타고 5분쯤 가면 신
용산역입니다. 신용산역에서 내려서 2번 출구로
나가면 친구 회사가 있습니다. 오래간만에 친구
를 만나서 술 한잔하겠습니다.

9과

1 듣고 맞으면 O, 틀리면 X 하십시오.

(1) 남 : 은행에서 카드로 돈을 찾아 본 적이 있으
　　　　세요?

여 : 그럼요. 일주일에 한 번쯤 가서 찾아요.

남 : 그래요? 저는 은행 직원에게 돈을 찾은
　　적은 있지만 카드로 찾아 본 적은 없어
　　요. 어떻게 하는 거예요?

(2) 남 : 비빔밥을 먹어 본 적이 있어요?

여 : 네, 고기를 좋아하지 않기 때문에 비빔밥을 자주 먹어요.

남 : 저는 어제 처음으로 먹어 보았어요. 좀 매웠지만 맛있었어요.

(3) 여 : 유명한 가수나 배우를 만난 적이 있어요?

남 : 강남에 있는 음식점에서 유명한 탤런트를 본 적이 있어요. 왜요?

여 : 지난주에 제가 좋아하는 가수를 만났어요. 팬 미팅이 있었는데 같이 사진도 찍고 사인도 받았어요.

남 : 사진도 찍고 사인도 받았어요? 저는 얼굴만 봤어요.

10과

1 듣고 맞는 것을 고르십시오.

(1) 이것은 전자사전입니다. 한 달 전에 한국에서 산 건데 날마다 이 사전을 사용합니다. 이 안에는 여러 가지 사전이 있는데 저는 보통 한일사전과 일한사전을 찾아봅니다.

(2) 이건 지난번 여행을 가서 찍은 사진입니다. 옆에 있는 사람이 제 여자 친구 에밀리인데 지난달에 미국에 가서 지금 한국에 없습니다. 에밀리는 한국에서 영어를 가르치는데 다음 주에 다시 한국에 옵니다.

2 듣고 맞지 않는 것을 고르십시오.

(1) 이건 휴대폰입니다. 지난달 중국에 돌아간 친구가 저한테 준 건데 사진도 찍을 수 있고 음악도 들을 수 있습니다. 디자인도 예쁘고 가벼워서 좋아요.

(2) 설악산은 강원도에 있는 산인데 경치가 아주 아름답습니다. 작년 여름에 설악산에서 친구들과 케이블카도 타고 등산도 했습니다. 다음 날 근처에 있는 바다에 가서 보트를 탔는데 정말 재미있었습니다.

11과

1 듣고 맞으면 O, 틀리면 X 하십시오.

여 : 무라타 씨, 지난번에 같이 만난 요시다 씨는 어떤 분이세요?

남 : 한국에 유학 온 학생인데 우리 사무실에서 아르바이트를 하고 있어요. 대학에서 한국말로 수업을 들으니까 한국말도 저보다 잘해요.

여 : 그랬군요. 사실은 제가 일본어 선생님을 소개받고 싶어서요.

남 : 요시다 씨는 전에 일본어를 가르친 적이 있는데 한번 부탁해 보세요.

2 듣고 내용과 다른 것을 고르십시오.

여 : 사진에 있는 이 사람은 누구예요?

남 : 같은 하숙집에 사는 마이클 씨인데 영어 선생님이에요. 우리 하숙집에 남자가 4명 있는데 다 친해요.

여 : 하숙하세요? 저도 하숙하고 있는데 좀 멀어서 이사하고 싶어요. 그 하숙집에 여자는 몇명이나 있어요?

남 : 지금 5명쯤 있어요. 우리 하숙집은 지하철역에서도 가깝고 사람들도 다 좋은데 미키 씨도 오세요.

12과

1 듣고 대답하십시오.

여 : 에취, 에취.

남 : 제니 씨, 감기에 걸렸군요.

여 : 네, 봄인데 왜 이렇게 추워요? 어제보다 더 추워요. 바람도 많이 불고.

남 : 그래서 저는 코트를 입고 나왔는데 제니 씨는 치마를 입고 왜 코트도 안 입었어요?

여 : 지난주에 따뜻해서 주말에 겨울옷을 전부 세탁소에 보냈어요.

남 : 벌써요? 봄에도 가끔 추운 날이 있어서 두꺼운 옷이 필요해요.

여 : 꽃도 피고 분위기가 봄이니까 예쁜 봄옷을 입고 싶었는데.

남 : 작년 3월에는 눈이 많이 온 적도 있어요.

여 : 정말이에요?

13과

1 일기예보입니다. 듣고 맞으면 O, 틀리면 X 하십시오.

(1) 어제는 밤에도 아주 더웠는데 여러분 잘 주무셨습니까?

오늘은 오전에는 맑지만 오후부터 흐리고 비

가 오겠습니다.

기온도 어제보다 높지 않겠습니다.

아침 기온은 22도, 낮 기온은 28도입니다.

그리고 토요일부터 장마가 시작되겠습니다.

(2) 눈을 기다리는 분이 많은데 이번 주에도 눈 소식은 없습니다.

내일은 흐리고 바람도 많이 불겠습니다.

기온은 오늘과 비슷해서 많이 춥지 않겠습니다.

모레는 내일보다 춥겠습니다.

그리고 다음 주 화요일쯤 많은 눈이 내리겠습니다.

14과

1 듣고 이어지는 대답을 고르십시오.

(1) 남 : 오늘은 바쁘세요?

여 : 네, 학교가 좀 늦게 끝나요.

남 : 내일은 토요일이니까 수업이 없지요?

(2) 여 : 이거 제가 만든 건데 한번 드셔 보시겠어요?

남 : 이게 뭐예요?

여 : 한국 음식 잡채인데 맵지 않아요.

(3) 남 : 내일 같이 테니스 칠까요?

여 : 네, 좋아요. 상우 씨는 테니스 잘 치시죠?

남 : 좋아하는데 잘 치지는 못해요. 제니 씨는요?

(4) 남 : 주말에 뭐 하셨어요?

여 : 일본에서 친구들이 와서 같이 관광도 하고 쇼핑도 했어요.

남 : 저는 토요일에 고등학교 친구들을 만나서 놀았어요.

(5) 남 : 유미 씨는 휴가가 언제예요?

여 : 저는 지난주였어요. 영수 씨는요?

남 : 저는 다음 주예요. 친구들하고 같이 여행을 가려고 해요.

(6) 남 : 어제 저녁에 그 드라마 봤지요?

여 : 아, 8시 드라마요? 봤어요. 10시에 하는 드라마도 봤어요.

남 : 민지 씨는 텔레비전을 많이 보시네요.

15과

1 듣고 맞으면 O, 틀리면 X 하십시오.

남 : 내일 제주도로 여행 떠나죠? 몇 시 비행기예요?

여 : 내일 기차 타고 부산에 가서 하루 놀고, 다음날

배를 타고 갈 거예요. 그리고 올 때는 비행기로 올 거예요.

남 : 배를 타고 가세요? 재미있겠네요. 숙박은 어디에서 할 거예요?

여 : 같이 가는 친구 집이 부산이에요. 그래서 그 친구 집에서 잘 거예요.

그리고 제주도에서는 민박을 하려고 해요.

남 : 저도 올 여름에 제주도에 다녀왔는데 제가 갔을 땐 너무 더웠어요. 지금 가면 덥지도 않고 구경하기 아주 좋겠네요.

여 : 그래도 제주도는 여름에 가는 게 제일 좋지 않아요?

남 : 여름에는 바다에서 수영할 수 있어서 좋지만 제주도 여행은 4계절 다 좋아요.

16과

1 듣고 맞으면 O, 틀리면 X 하십시오.

(1) 남 : 오늘 저녁에 시간 있어요?

여 : 오늘은 좀…… . 한국어학원에 가야 해요.

남 : 한국말 공부를 열심히 하시네요.

여 : 아니에요. 재미있어서 취미로 하고 있어요.

(2) 여 : 기타를 잘 치시네요. 언제부터 기타를 치셨어요?

남 : 고등학생 때부터 치기 시작했어요. 음악을 좋아해서요.

여 : 저도 초등학교에 다니는 동안 계속 피아노를 배웠는데…… .

남 : 그럼 잘 치시겠네요.

여 : 아니에요. 그 후에 치지 않아서 이제는 잘 못 쳐요.

(3) 남 : 언제 미국으로 돌아가세요?

여 : 다음 주 수요일이에요. 1년이 정말 빨리 지나갔어요.

남 : 이 사진 받으세요. 제가 선물로 준비한 거예요.

여 : 고마워요. 같이 일하는 동안 정말 즐거웠어요.

17과

1 듣고 맞는 것을 고르고 빈칸에 쓰십시오.

(1) 남 : 이 책은 좀 어렵지 않아요?

여 : 네, 모르는 단어가 있어서 좀 어렵네요.

남 : 저한테 사전이 있는데 빌려 드릴까요? 전

지금 안 써요.

여 : 그럼 빌려 주세요. 고맙습니다.

(2) 여 : 동대문 시장에 가 보고 싶은데, 길을 잘
몰라서……

남 : 아직 안 가보셨어요? 제가 같이 가 드릴까요?

여 : 정말요? 고맙습니다.

(3) 남 : 유카 씨! 선생님 휴대폰번호 알아요?

여 : 우리 선생님요? 네, 알아요. 왜 그러시는데요?

남 : 물어볼 게 있어서 그래요. 몇 번이에요?

여 : 잠깐만요. 여기 있어요. 이 번호로 해 보세요.

18과

1 듣고 대답을 쓰십시오.

(1) 무슨 요일에 일찍 일어나야 합니까?

(2) 수요일에는 어디에 가야 합니까?

(3) 일요일에는 무엇을 해야 합니까?

2 듣고 대답을 쓰십시오.

(1) 전화로 예약이 됩니까?

(2) 회사에서 저녁 8시에 퇴근하는 사람은 무슨
요일에 가야 됩니까?

(3) 평일 오후 1시 반에 이 치과에 온 사람은 얼
마쯤 기다려야 합니까?

(4) 공휴일에도 병원 문을 엽니까?

19과

1 듣고 대답하십시오.

(전화 벨소리)

여 : 감사합니다. 꽃 배달 서비스입니다.

남 : 여보세요? 꽃다발 좀 주문하고 싶은데요. 지
금 주문하면 오늘 배달 돼요?

여 : 네, 그럼요. 어떤 것으로 보내 드릴까요?

남 : 어머니 생신이라서 케이크하고 꽃다발을 같
이 보내고 싶은데요.

여 : 와인이나 초콜릿도 같이 보내 드리는 세트가
있는데요. 하시겠어요?

남 : 아니요, 케이크하고 꽃다발만 배달해 주세요.

2 듣고 대답하십시오.

(전화 벨소리)

남 : 여보세요? 예약 좀 하려고 하는데요. 다음 주
토요일 저녁 공연 S석으로 자리 있어요?

여 : 요즘 연말이라서 주말 시간은 표가 없습니다.

남 : 그럼, 목요일이나 금요일 공연은 S석이 있어요?

여 : 지금 목요일 A석만 예약할 수 있습니다. 4시
하고 7시 두 번 있는데요.

남 : 그럼, 7시 공연으로 2장 예약해 주세요.

20과

1 듣고 맞으면 O, 틀리면 X 하십시오.

남 : 어제 만난 친구가 누구예요?

여 : 중국에서 공부할 때 만난 친구예요.

남 : 그럼, 그 친구는 중국 사람이에요?

여 : 아니요, 한국 사람인데 중국에서 5년 동안 공
부했어요.

2 듣고 맞으면 O, 틀리면 X 하십시오.

저는 내년에 대학교를 졸업합니다. 학교를 졸업
한 후에 회사에 취직하려고 하는 친구들도 많이
있지만 저는 아직 결정하지 않았습니다. 요즘 공
부가 재미있어져서 졸업 후에도 계속 공부하면
좋을 것 같습니다. 부모님도 공부하는 것을 좋아
하실 것 같습니다. 공부가 어렵지만 계속 열심히
할 겁니다.

3 듣고 맞으면 O, 틀리면 X 하십시오.

지난 주말에 이사를 했습니다. 새로 이사한 아
파트에서는 회사까지 30분밖에 걸리지 않습니다.
이사하기 전에는 50분쯤 걸렸습니다. 그렇지만
전에는 집 근처에 친구들이 많았는데 지금은 아
는 사람이 없습니다. 새로 이사한 아파트 근처에
는 가게가 많아서 시끄럽고 복잡합니다. 또 이사
한 아파트 뒤에는 공원이 있어서 아침이나 저녁
에 그곳에서 운동을 할 수 있습니다. 계속 운동을
하면 건강해질 것 같습니다.

21과

1 듣고 맞으면 O, 틀리면 X 하십시오.

남 : 이 바지를 어제 샀는데 바꾸려고 하는데요.

여 : 왜 그러시는데요?

남 : 집에서 입어 보니까 허리가 좀 커요. 한 사이
즈 작은 것으로 주세요.

여 : 지금 없는데 내일 다시 오시겠어요?

2 듣고 맞으면 O, 틀리면 X 하십시오.

　남 : 10개월 된 아기한테 선물하려고 하는데 어떤
　　　 옷이 좋을까요?

　여 : 아기들한테는 편한 옷이 제일 좋아요. 이거
　　　 어떠세요?

　남 : 예쁘네요. 근데 좀 작지 않을까요? 그리고 남
　　　 자 아기인데 파란 색은 없어요?

　여 : 내년까지 입을 수 있어요. 색깔은 이거 한 가
　　　 지밖에 없는데요.

3 듣고 대답하십시오.

　남 : 지난주에 여기서 산 모잔데 환불이 될까요?
　　　 영수증도 있어요.

　여 : 이건 특별 세일할 때 사신 거라서 환불은 안
　　　 되는데요. 예쁜데 왜 그러세요?

　남 : 집에 가서 보니까 이거하고 똑같은 게 집에
　　　 있네요.

　여 : 그럼 색깔이나 디자인이 여러 가지니까 다른
　　　 것으로 바꾸세요.

4 듣고 대답하십시오.

　여 : 반바지를 사려고요? 보통 때 양복만 입지 않
　　　 아요?

　남 : 놀러 갈 때 입을 옷이 필요해서요. 이 바지에
　　　 이 노란 티셔츠를 입으면 어울릴까요?

　여 : 같이 입으면 예쁠 것 같은데 입고 나와 보세요.
　　　 (잠시 후)

　남 : 어때요? 이상하지 않아요?

　여 : 아니에요. 입으니까 잘 어울려요. 대학생 같아요.

22과

1 듣고 맞으면 O, 틀리면 X 하십시오.

　　토요일 오후에 시간이 있어서 광화문에 있는
큰 서점에 갔습니다. 서점에는 책을 사러 가기도
하지만 혼자 시간을 보내고 싶을 때도 갑니다. 거
기서 책도 보고 음악 CD나 영화 비디오를 살 수
도 있습니다. 토요일 오후라서 친구를 만나는 사
람들도 많고 아이들을 데리고 온 엄마들도 많았
습니다.

　　저는 외국 책을 파는 코너에서 소설책도 보고
잡지도 읽었습니다. 들어갈 때 오후 3시였는데 책
한 권을 다 읽으니까 시간이 벌써 7시였습니다. 7
시 반에 종로에서 친구와 약속이 있었기 때문에

저는 서점에서 나왔습니다. 여러분도 시간이 있
을 때 서점에 가 보세요. 심심하지 않게 시간을
보낼 수 있을 겁니다.

23과

1 듣고 맞으면 O, 틀리면 X 하십시오.

　남 : 머리 모양이 달라졌네요!

　여 : 어때요? 갑자기 머리가 짧아지니까 기분이
　　　 이상해요.

　남 : 좋은데요. 그런데 왜 갑자기 머리 모양을 바
　　　 꿨어요? 무슨 일이 있어요?

　여 : 아뇨, 그냥 긴 머리를 너무 오랫동안 해서 바
　　　 꿔 보고 싶었어요.

　남 : 여자들이 보통 남자 친구하고 헤어지면 머리
　　　 를 자르지 않아요?

　여 : 전 그런 거 아닌데요.

2 듣고 맞지 않는 것을 고르십시오.

　여 : 브래드 씨, 아까 이리나 씨를 만나지 않았어요?

　남 : 같이 차 한잔 마시고 좀 전에 헤어졌는데요.
　　　 왜 그러세요?

　여 : 할 이야기가 있는데 핸드폰을 받지 않네요.
　　　 집으로 해도 안 받고요.

　남 : 이리나 씨가 오늘 핸드폰을 안 가져온 것 같
　　　 았어요.

　여 : 그래요? 바로 집으로 갔을까요?

　남 : 집에 가는 버스 탔으니까 한 시간 후쯤 전화
　　　 해 보시면 통화할 수 있을 거예요.

24과

1 듣고 대답하십시오.

　여 : 한국말에서 뭐가 제일 어려워요?

　남 : 저는 발음하고 듣기가 어려워요. 제니 씨는요?

　여 : 전 단어를 많이 몰라서 말하기가 제일 어려
　　　 운 것 같아요.

2 듣고 대답하십시오.

　남 : 내일 날씨가 좋을 것 같은데 놀러 안 가세요?

　여 : 남산에 가 본 적이 없어서 가 보고 싶어요.
　　　 야마다 씨는요?

　남 : 저는 친구가 롯데월드에 가 보고 싶어해서
　　　 같이 가려고 해요.

3 듣고 대답하십시오.

남 : 영화가 너무 무섭네요. 무서워서 잘 보지 못
했어요.

여 : 그랬어요? 난 재미있었는데.

남 : 난 이런 분위기의 영화는 싫어요.

4 듣고 대답하십시오.

여 : 상우 씨는 노래방에 가면 어떤 노래를 잘 부
르세요?

남 : 전 노래를 못해서 노래 잘하는 사람이 부러
워요. 민지 씨는 노래 잘하니까 좋겠어요.

여 : 제가요? 전 그냥 노래 부르는 게 좋아요.

25과

1 듣고 이어지는 대답을 고르십시오.

(1) 남 : 졸업 축하해요. 유학 준비는 잘돼요?

여 : 고맙습니다. 요즘 학교를 알아보는 중이
에요. 가을에 미국으로 갈 생각이에요.

남 : 미국에서는 무슨 공부를 할 건데요?

(2) 남 : 지영 씨, 회사에 취직하는 건 어떻게 됐어요?

여 : 지난번에 면접 본 회사에서 연락이 왔어
요. 그 회사에 다닐 생각이에요.

남 : 오랫동안 고생했는데 정말 잘됐어요. 축
하해요.

(3) 여 : 리차드 씨, 이번 달에 6급이 끝나니까 졸
업이지요? 축하해요.

남 : 고맙습니다. 선생님 덕분이에요. 그런데
6급은 좀 어려웠으니까 한 번 더 배울 생
각이에요.

여 : 그래요? 다음 달에 바로 신청해서 들을 거
예요?

(4) 남 : 아드님이 대학 시험을 봤지요?

여 : 네, 어제 합격자를 발표했는데 우리 아이
가 합격했어요.

남 : 그래요? 축하드려요. 정말 잘됐어요.

(5) 여 : 야마다 씨, 조금 늦었지만 생일 축하해
요! 이거 선물이에요.

남 : 제 생일을 어떻게 아셨어요? 감사합니다.

여 : 야마다 씨에게 잘 어울릴 것 같은 모자가
있어서 샀어요.

26과

1 듣고 맞으면 O, 틀리면 X 하십시오.

남 : 자리를 안내해 드리겠습니다. 저쪽입니다.

여 : 앞에 빈자리가 많이 있는데 앉아도 됩니까?

남 : 죄송합니다. 다른 자리에 앉으시면 안 되는
데요.

여 : 사진은 찍어도 될까요?

남 : 공연 중에는 안 되고요, 끝난 후에 배우들과
찍으실 수 있습니다.

2 듣고 맞으면 O, 틀리면 X 하십시오.

여 : 저, 미리 약속을 한 건 아닌데 김 과장님 계
시면 뵙고 싶은데요.

남 : 과장님은 지금 회의 중이신데요. 10분 후에
는 끝날 것 같습니다.

여 : 그럼 여기에서 기다려도 될까요?

남 : 네, 그렇게 하세요. 회의가 끝나면 말씀드리
겠습니다.

3 듣고 맞으면 O, 틀리면 X 하십시오.

남 : 모두 390,000원입니다.

여 : 제가 지금 십만 원밖에 없는데 십만 원만 현
금으로 내고 290,000원은 카드로 계산하면
안 될까요?

남 : 그렇게 하셔도 됩니다.

여 : 감사합니다. 여기 십만 원하고 카드요.

27과

1 듣고 맞는 것을 고르십시오.

(1) 남 : 지금 사는 집이 어때요? 겨울에 춥지 않
아요?

여 : 그렇지는 않은데 방이 좀 넓었으면 좋겠
어요.

남 : 혼자 사는데 그 정도면 괜찮지 않아요?

여 : 친구들을 초대하고 싶어도 방이 좁으니
까 초대할 수가 없어요.

(2) 여 : 내일이 시험인데 시간이 없어서 공부를
못했어요.

남 : 저도요. 요즘 바빠서 공부할 시간이 없었
어요.

여 : 문제가 너무 어렵지 않았으면 좋겠어요.
지난번 시험은 너무 어려웠어요.

2 듣고 대답하십시오.

남 : 옆 방 텔레비전하고 음악 소리가 시끄러워서 잠을 잘 수가 없어요.

여 : 그 사람한테 가서 이야기하세요. 말 안 하면 모를 수도 있어요.

남 : 했어요. 그런데 말해도 별로 조용해지지 않아요. 그래서 하숙집을 옮길 생각이에요.

3 듣고 대답하십시오.

여 : 어제까지 날씨가 계속 좋았는데 오늘 갑자기 비가 오네요.

남 : 토요일에 테니스 대회를 할 수 있을까요? 금요일까지는 비가 많이 올 거 같은데 토요일에는 안 왔으면 좋겠네요.

여 : 사람들이 많이 신청했으니까 비가 와도 할 거예요.

28과

1 듣고 대답을 쓰십시오.

　　내일은 이번 달 수업이 끝나는 날입니다. 그래서 우리 반 사람들하고 선생님하고 다 같이 교실에서 작은 파티를 하려고 합니다.

　　이번 클래스 친구들과는 주말에 만나서 놀기도 하고 같이 여행도 갔기 때문에 친하게 지냈습니다. 그런데 다음 달에는 자기 나라로 돌아가거나 공부를 쉬려고 하는 사람들이 많습니다. 친구들을 만난 지 오래 되지는 않았지만 헤어지는 것이 섭섭합니다. 우리는 어제 수업이 끝난 다음에 각자 준비해 올 것을 정했습니다.

　　저와 이리나 씨는 김밥과 샌드위치를 사 오려고 합니다. 리밍 씨는 마실 것을 준비해 오고, 제니 씨는 집에서 커피하고 케이크를 만들어 올 겁니다. 앙리 씨는 과일을 가져올 겁니다. 그리고 야마다 씨는 사진을 잘 찍으니까 사진을 찍어서 우리 모두에게 보내 줄 것 같습니다.

29과

1 듣고 대답을 쓰십시오.

여 : 한국에 온 지 얼마나 되셨어요?

남 : 3개월 됐어요.

여 : 한국에서 살아 보니까 어때요?

남 : 지금은 괜찮은데 처음에는 음식이 너무 매워서 힘들었어요.

맵지 않은 음식도 많이 있는 것을 몰랐거든요.

여 : 매운 음식을 못 드시는 외국인들은 처음에 음식 때문에 많이 힘들어하세요. 저는 한국 사람이지만 매운 음식을 아주 좋아하지는 않아요.

2 듣고 다른 것을 고르십시오.

남 : 처음 뵙겠습니다. 저는 노구치라고 합니다. 한국에 온 지 이틀 되었어요.

여 : 이틀요? 그런데 어떻게 한국말을 잘하세요?

남 : 3년 전에 한국에서 한국말을 배운 적이 있어요. 1년 정도 서울에서 살았거든요.

여 : 그럼 이번이 두 번째 오신 거예요?

남 : 아니요, 작년하고 재작년에 한 번씩 왔으니까 이번이 네 번째인 것 같아요.

3 듣고 대답을 쓰십시오.

남 : 선생님, 제가 다음 주에 인도에 가서 학원에 못 올 것 같아요. 누나가 결혼을 하거든요.

여 : 그래요? 인도에 오랫동안 안 갔지요?

남 : 한국에 와서 한 번도 안 갔으니까 1년 반 만에 가는 거예요.

여 : 가족들이 반가워하겠네요. 잘 다녀오세요.

30과

1 듣고 대답을 쓰십시오.

남 : 토요일에 대전에 사는 한국 친구 집에 초대를 받아서 갔어요. 일요일에 서울에 왔어요.

여 : 대전이면 서울에서 얼마나 걸려요?

남 : 서울역에서 케이티엑스를 탔는데, 가는 데에 1시간밖에 안 걸렸어요.

여 : 저는 한국사람 집에 가 본 적이 없는데. 친한 친구예요?

남 : 이 친구가 2년 전에 미국에 유학 왔을 때 우리 집에서 홈스테이를 했어요. 6개월 있는 동안 이야기도 많이 하고 친해졌어요.

여 : 그랬군요. 집에 가 보니까 어땠어요?

남 : 소파가 있는데 바닥에 앉아서 음식도 먹고 텔레비전도 보는 게 재미있었어요. 잘 때도 방바닥에서 잤는데 너무 뜨거웠어요.

여 : 저는 한국에 와서 바닥에서 자요. 겨울엔 따뜻하고 여름엔 시원해서 좋아요.

2과

想查询电话号码吗？

你们不知道电话号码的时候怎么办？

在韩国要想知道电话号码就给114打电话。我为了问 가나다 韩国语学院的电话号码，给114打了电话。

가：我爱您，顾客。
나：拜托一下 가나다 韩国语学院的电话号码。
가：好的，给您查号。查询的号码是 02-332-6003。
（공이에 삼삼이에 육공공삼）

我觉得听数字有点难，所以有些紧张，但还是写下了电话号码，给 가나다 韩国语学院打了电话。课程商谈结束以后，往手机里存下了电话号码。首尔的区号 '02' 也一起存下了。

4과

韩国的传统茶

我因为喜欢韩国传统茶，所以常去传统茶店。

韩国的传统茶种类很多，味道也都不相同，而且对身体特别好。

寒冷的冬天喝暖和的柚子茶和木瓜茶，生姜茶都很好。特别是柚子茶和木瓜茶不仅味道香还含有很多维生素C。所以，感冒时常喝。

炎热的夏天，比起热茶，冰凉的绿茶和五味子茶比较受欢迎。味道非常清爽。天气凉快的秋天则喝菊花茶。感受秋天的气氛。身体虚弱的人喝人参茶或枣茶比较好。去传统茶店就能喝到这样的茶，还能度过愉快的时间。你们也跟我一起去喝传统茶，好不好？

6과

今天吃什么？

我是在首尔自炊的公司职员。在春川高中毕业以后来到首尔。到现在为止一个人生活已经10年了。一个人生活，最难的就是吃饭问题。

早上，不管是吃什么，我尽量让自己能吃上早点。一般下班后，买第二天要吃的水果和面包。偶尔，在公司附近的便利店买三角紫菜包饭和牛奶或酸奶吃。一天中，吃得最好的一顿饭是午饭。每天都和同事们聊关于"今天吃什么"的话题，再去找卖好吃的饭店去吃。今天打算去光顾昨天新开业的辣汤店。晚饭一般在家凑合吃从超市买来的泡菜和一两道菜，还有一个煎鸡蛋。有时，周末的时候给

自己熬些汤喝，可是一个人吃实在没意思，所以通常叫些炸鸡或比萨饼来吃。我很想在家跟家人一起吃饭。你们一天三顿饭吃得好吗？

8과

梨泰院

在首尔外国人最多的地方—梨泰院，你去过吗？

梨泰院是有名的购物天堂，最近又以可品尝世界各国美味而著名。坐地铁6号线在梨泰院站下车，1号出口出去就能看到汉密尔顿酒店。酒店后面就有很多可品尝各国美味的饭馆。有美国人喜欢的"早午餐"饭馆，有意大利和法国菜，更不必说还有泰国、土耳其、巴基斯坦菜等，种类繁多。昨天去的是印度餐厅。用鸡肉做的印度咖喱很好吃。到现在我去过的饭馆有两三家左右。虽然没有真正拜访过他们国家，但是可以品尝到其国家的菜感觉特别好。下次我打算去希腊餐厅。若有去过梨泰院的朋友，给我介绍一下你们去过的餐厅吧！

10과

有特别珍爱的物品吗？

伊利娜：今天穿的牛仔裤是在哪儿买的？
山田：以前去旅游的时候买的。我喜欢这颜色，而且穿起来挺舒服的。
伊利娜：款式很特别，穿起来也很酷。山田，你有几件牛仔裤？
山田：大概10件左右吧。其中，最喜爱的就是这个。伊利娜你也有珍爱的衣服吧？
伊利娜：珍爱的衣服啊？有一两件。可是，比起衣服我更喜欢包。
山田：现在拎的包就挺好看的。
伊利娜：这个吗？这是我亲手做的。又大又轻，所以常拎着。
山田：这真的是你做的吗？
伊利娜：是，我喜欢做这样的手工艺品。其实，这项链也是我做的。

12과

春天·夏天·秋天·冬天

虽然3月是冬去春来的季节，但是还是有点冷。4月开很多花，天气也暖和。因为春天刮沙尘暴，所以有的人不太喜

欢春天。

韩国的夏天很热，从梅雨结束的7月中旬到8月中旬最炎热。韩国人一般这时候去度暑假。因为学校也放暑假，天气太热很难工作下去。

秋天可以享受不冷不热而凉爽的天气。秋天的天空一年中最高最蓝。而且枫叶红了，还可以看到美丽的风景。可是韩国的秋天比较短，冬天即将来临。在家里做过冬泡菜，准备迎接冬天。因为有圣诞节和春节，还有长长的寒假，所以孩子们特别喜欢冬天。

14과

这样的下雨天

珍妮：昨天下了一整天的雨，今天还在下呢。

相佑：这样的下雨天，应该吃刀切面或葱饼…… 你知道刀切面吧？

珍妮：嗯，知道。但是，下雨天为什么应该吃那样的食物？

相佑：因为下雨天天气比较凉爽，所以想喝热汤来暖暖身，珍妮你觉得吗？

珍妮：我不觉得。但很有意思。那么，寒冷的冬天应该吃些什么？

相佑：嗯……，啊，街滩上的烤红薯冬天吃的话最好吃了。油饼或红豆沙包冬天吃得也较多。吃过吗？

珍妮：烤红薯吃过，但是油饼和红豆沙包还没吃过。

相佑：那些在寒冷的冬天吃的话很好吃。这个冬天一定尝一下吧。今天中午去吃刀切面，怎么样？

珍妮：嗯，好。这样的天儿应该喝一杯浓香咖啡……

16과

很想说好韩国语

艾蜜莉：田中，最近还上韩国语学院吗？韩语讲得应该不错吧。

田中　：不是。我也很想说好韩国语，可是发音还是不行，特别是做听力练习的时候听不太懂。

艾蜜莉：我也是。看书的时候能看懂。但是，听的时候却听不懂。田中，你不是擅长写作和语法吗？

田中　：韩国语语法跟日语的有很多相似之处。所以理解起来不难，但说的时候经常出错。

艾蜜莉：我开始学韩语的时候语法最难，而且我说的话韩国人听不太懂，所以经常出丑。

田中　：我为了不出错而太过谨慎，所以经常说不出话来。艾蜜莉，你的韩语说得比我好，怎么能说好韩语呢？

18과

换钱

我今天为了换钱一个人去了银行。这是我第一次一个人去银行，所以有点紧张。我去了有换钱窗口的2楼。因别人在商谈中，所以等了一会儿。坐在椅子上等的时候，我用小声练习了要跟职员说的话。前面的人商谈结束了，我就去了窗口前面。

银行职员：顾客，我能帮您什么忙？

迈克尔　：我想把美金换成韩币。

银行职员：您要换多少？

迈克尔　：500美金，今天的汇率是多少？

银行职员：一美金1,150元。怎么给您呢？

迈克尔　：都要现金。

银行职员：请给我看一下护照。

迈克尔　：好，这儿。

银行职员：(边给钱)确认一下吧。

迈克尔　：(数完钱后)没错，谢谢。

20과

去游乐园游玩

上个连休假期跟朋友一起去了首尔附近的游乐园。是乘坐从市厅出发的公共汽车去的，大概花了一个小时左右。我们是买套票进去的。觉得一天之内看不完，所以我们看着指南地图做了计划。

我们先去了可以坐船游览世界各地的迷你"地球村"。走过"中国"的时后很想念故乡。

从那儿出来之后去了有游乐设施的地方。在空中自由行驶的过山车和没有驾驶执照也能开的碰碰车。虽然又叫又笑，嗓子疼，但是心情越来越好了。

吃过午饭之后还去"野生动物世界"看了老虎、狮子和海狗表演。天黑以后我们去喝了杯啤酒。虽然身体很累，却是个快乐的一天。

22과

本周的畅销书

大家都读什么书呢？报纸或网络书店里每周都会介绍一些新书或者畅销书。所以，购书之前看一下也是不错的选择。

幸福的我家
강지선 著 / 13,000元
结婚三次又离婚三次的妈妈和18岁女儿之间的爱情故事。去这对有时吵架有时和好愉快生活的母女俩的家看看吧。这是一部可边感受家族之爱，又能安下心来阅读的小说。

好习惯

진하영 著/ 8,800元

由S电子公司的经理介绍的成功的习惯。教授青少年和年轻人过幸福生活的方法和成功之道。通俗易懂的人生前辈的成功笔记。

葡萄酒的世界

이태복 著/ 11,000元

有趣地介绍了葡萄酒的历史和如何选择好葡萄酒，以及如何品葡萄酒，如何搭配菜肴等。是一本能使不喜欢喝酒的人也想喝一杯的葡萄酒书。

24과

电子邮件

伊利娜，你好!

不好意思，回信晚了。你星期五发给我的邮件今天才看到。感谢你招待我去晚会。可是，这个星期六我公司有夫妻聚会，所以不能参加晚会。我爱人也一直想见你来着…… 不能参加真的很抱歉。

我们想招待你和朋友们，这个月的最后一个星期五有时间吗？顺便帮我问问其他人再告诉我，好吗？

亨利 拜上

亨利:

谢谢你的回信。

我不知道星期六你有重要的聚会。

还有，真的要招待我们吗？最后一个星期五是26号。

那天我能去。我想其他人也会很高兴的。我给他们打电话确认之后再联系你吧。

伊利娜 敬上

26과

不能一起扔吧?

我叫里枝。一年前来到韩国。刚来时连 "안녕하세요?" 也不会说 '가·나·다·라' 也不会读，所以很吃力。可是自从学了韩语之后，韩国生活变精彩了，也逐渐熟悉起来了。上个星期我搬到单间房了。收拾行李后把要扔掉的东西拿出去，觉得好象不能乱扔，所以问了管理员。

里枝:您好。我刚搬来，所以垃圾有点多……

师傅:啊，搬到3楼的吧？普通垃圾扔到那个绿桶里吧。

里枝:厨房垃圾不能和别的垃圾一起扔吧？

师傅:是，厨房垃圾分开扔到那旁边的红桶里吧。

里枝:这些纸箱可以今天扔吗?

师傅:不行，可回收垃圾分类之后，每个星期六扔。

里枝:是，明白了。谢谢。

28과

下周回美国

我下周就要回美国了。来韩国的时候本打算只待六个月左右，可是韩国的生活实在是太精彩了，于是就生活了1年半多。最近，对韩国菜很感兴趣，品尝完一道菜之后模仿着做就成了我的爱好。回美国以后，也有想开韩国餐厅的想法。

我喜欢结交朋友，在韩国有很多认识的人。他们给我开送别会，到昨天（为止）已经开了5次了。一直一来我给很多人添了麻烦，可是却不能一一告别，只能发邮件或短信告别。

今天一大早开始收拾行李。来韩国的时候只带了一个包，可是现在看来行李太多了。来韩国以后买的东西中有3层抽屉和桌子，还有自行车，这些我不能带走，只能留给朋友们。

刚来韩国的时候，生活艰难，有不少苦楚，可是在韩国生活的这一年半却给我留下了美好的回忆。

30과

泡菜蛋糕

泡菜是韩国的传统菜，韩国人的饭桌上总有泡菜。所以常说"吃饭的时候虽然有很多别的菜，可是没有泡菜的话就有点奇怪。" "吃牛肉汤或刀切面的时候泡菜是不可缺少的。"我吃过的泡菜有白菜泡菜，萝卜块儿泡菜，葱泡菜，酸萝卜泡菜等。其中，我最喜欢萝卜块儿泡菜。

直接吃泡菜已经很好吃了，可是韩国人用泡菜做很多别的菜。泡菜汤、泡菜炒饭、泡菜饼、泡菜紫菜包饭、泡菜包子等，你们都知道吧？可前不久我在电视上看过介绍泡菜巧克力，泡菜汉堡包，泡菜蛋糕。好像是西洋菜和泡菜的结合。你们吃过没有啊？我吃过一次泡菜巧克力。吃之前想，那会是"什么味道？味道会不会有点儿奇怪？"可是一吃，却发现巧克力和泡菜的味道很相配，比想象的要好吃。鲜奶油蛋糕上面有泡菜的泡菜蛋糕的味道又是怎么样的呢？有机会的话想尝一尝。

기본형	-(스)ㅂ니다	-(으)십시오	-(으)ㅂ시다	-았/었습니다	-아/어요	-(으)ㄹ까요?	-(으)ㄴ	-는	-(으)ㄹ
가다	갑니다	가십시오	갑시다	갔습니다	가요	갈까요	간	가는	갈
가르치다	가르칩니다	가르치십시오	가르칩시다	가르쳤습니다	가르쳐요	가르칠까요	가르친	가르치는	가르칠
걸리다	걸립니다			걸렸습니다	걸려요	걸릴까요	걸린	걸리는	걸릴
계시다	계십니다	계십시오		계셨습니다	계세요	계실까요	계신	계시는	계실
공부하다	공부합니다	공부하십시오	공부합시다	공부했습니다	공부해요	공부할까요	공부한	공부하는	공부할
괜찮다	괜찮습니다			괜찮았습니다	괜찮아요	괜찮을까요	괜찮은		
그만두다	그만둡니다	그만두십시오	그만둡시다	그만뒀습니다	그만둬요	그만둘까요	그만둔	그만두는	그만둘
기다리다	기다립니다	기다리십시오	기다립시다	기다렸습니다	기다려요	기다릴까요	기다린	기다리는	기다릴
깎다	깎습니다	깎으십시오	깎읍시다	깎았습니다	깎아요	깎을까요	깎은	깎는	깎을
깨다	깹니다	깨십시오	깹시다	깼습니다	깨요	깰까요	깬	깨는	깰
깨끗하다	깨끗합니다			깨끗했습니다	깨끗해요	깨끗할까요	깨끗한		
끼다	낍니다	끼십시오	낍시다	꼈습니다	껴요	낄까요	낀	끼는	낄
끝나다	끝납니다			끝났습니다	끝나요	끝날까요	끝난	끝나는	끝날
나가다	나갑니다	나가십시오	나갑시다	나갔습니다	나가요	나갈까요	나간	나가는	나갈
나다	납니다			났습니다	나요	날까요	난	나는	날
나오다	나옵니다	나오십시오	나옵시다	나왔습니다	나와요	나올까요	나온	나오는	나올
낮다	낮습니다			낮았습니다	낮아요	낮을까요	낮은		
내다	냅니다	내십시오	냅시다	냈습니다	내요	낼까요	낸	내는	낼
내려가다	내려갑니다	내려가십시오	내려갑시다	내려갔습니다	내려가요	내려갈까요	내려간	내려가는	내려갈
내려오다	내려옵니다	내려오십시오	내려옵시다	내려왔습니다	내려와요	내려올까요	내려온	내려오는	내려올

기본형	-(스)ㅂ니다	-(으)십시오	-(으)ㅂ시다	-았/었습니다	-아/어요	-(으)ㄹ까요?	-(으)ㄴ	-는	-(으)ㄹ
내리다	내립니다	내리십시오	내립시다	내렸습니다	내려요	내릴까요	내린	내리는	내릴
넓다	넓습니다			넓었습니다	넓어요	넓을까요	넓은		
넣다	넣습니다	넣으십시오	넣읍시다	넣었습니다	넣어요	넣을까요	넣은	넣는	넣을
높다	높습니다			높았습니다	높아요	높을까요	높은		
놓다	놓습니다	놓으십시오	놓읍시다	놓았습니다	놓아요	놓을까요	놓은	놓는	놓을
다니다	다닙니다	다니십시오	다닙시다	다녔습니다	다녀요	다닐까요	다닌	다니는	다닐
닫다	닫습니다	닫으십시오	닫읍시다	닫았습니다	닫아요	닫을까요	닫은	닫는	닫을
도와주다	도와줍니다	도와주십시오	도와줍시다	도와줬습니다	도와줘요	도와줄까요	도와준	도와주는	도와줄
도착하다	도착합니다	도착하십시오	도착합시다	도착했습니다	도착해요	도착할까요	도착한	도착하는	도착할
되다	됩니다	되십시오	됩시다	됐습니다	돼요	될까요	된	되는	될
드리다	드립니다	드리십시오	드립시다	드렸습니다	드려요	드릴까요	드린	드리는	드릴
들어가다	들어갑니다	들어가십시오	들어갑시다	들어갔습니다	들어가요	들어갈까요	들어간	들어가는	들어갈
들어오다	들어옵니다	들어오십시오	들어옵시다	들어왔습니다	들어와요	들어올까요	들어온	들어오는	들어올
따라하다	따라합니다	따라하십시오	따라합시다	따라했습니다	따라해요	따라할까요	따라한	따라하는	따라할
마시다	마십니다	마시십시오	마십시다	마셨습니다	마셔요	마실까요	마신	마시는	마실
만나다	만납니다	만나십시오	만납시다	만났습니다	만나요	만날까요	만난	만나는	만날
많다	많습니다			많았습니다	많아요	많을까요	많은		
맛없다	맛없습니다			맛없었습니다	맛없어요	맛없을까요		맛없는	
맛있다	맛있습니다			맛있었습니다	맛있어요	맛있을까요		맛있는	
매다	맵니다	매십시오	맵시다	맸습니다	매요	맬까요	맨	매는	맬

기본형	-(스)ㅂ니다	-(으)십시오	-(으)ㅂ시다	-았/었습니다	-아/어요	-(으)ㄹ까요?	-(으)ㄴ	-는	-(으)ㄹ
먹다	먹습니다	잡수십시오	먹읍시다	먹었습니다	먹어요	먹을까요	먹은	먹는	먹을
바꾸다	바꿉니다	바꾸십시오	바꿉시다	바꿨습니다	바꿔요	바꿀까요	바꾼	바꾸는	바꿀
받다	받습니다	받으십시오	받읍시다	받았습니다	받아요	받을까요	받은	받는	받을
배우다	배웁니다	배우십시오	배웁시다	배웠습니다	배워요	배울까요	배운	배우는	배울
벗다	벗습니다	벗으십시오	벗읍시다	벗었습니다	벗어요	벗을까요	벗은	벗는	벗을
보내다	보냅니다	보내십시오	보냅시다	보냈습니다	보내요	보낼까요	보낸	보내는	보낼
보다	봅니다	보십시오	봅시다	봤습니다	봐요	볼까요	본	보는	볼
불편하다	불편합니다			불편했습니다	불편해요	불편할까요	불편한		
비싸다	비쌉니다			비쌌습니다	비싸요	비쌀까요	비싼		
빌리다	빌립니다	빌리십시오	빌립시다	빌렸습니다	빌려요	빌릴까요	빌린	빌리는	빌릴
사귀다	사귑니다	사귀십시오	사귑시다	사귀었습니다	사귀어요	사귈까요	사귄	사귀는	사귈
사다	삽니다	사십시오	삽시다	샀습니다	사요	살까요	산	사는	살
사랑하다	사랑합니다	사랑하십시오	사랑합시다	사랑했습니다	사랑해요	사랑할까요	사랑한	사랑하는	사랑할
생각하다	생각합니다	생각하십시오	생각합시다	생각했습니다	생각해요	생각할까요	생각한	생각하는	생각할
서다	섭니다	서십시오	섭시다	섰습니다	서요	설까요	선	서는	설
소개하다	소개합니다	소개하십시오	소개합시다	소개했습니다	소개해요	소개할까요	소개한	소개하는	소개할
숙제하다	숙제합니다	숙제하십시오	숙제합시다	숙제했습니다	숙제해요	숙제할까요	숙제한	숙제하는	숙제할
쉬다	쉽니다	쉬십시오	쉽시다	쉬었습니다	쉬어요	쉴까요	쉰	쉬는	쉴
시작하다	시작합니다	시작하십시오	시작합시다	시작했습니다	시작해요	시작할까요	시작한	시작하는	시작할
시키다	시킵니다	시키십시오	시킵시다	시켰습니다	시켜요	시킬까요	시킨	시키는	시킬

기본형	-(스)ㅂ니다	-(으)십시오	-(으)ㅂ시다	-았/었습니다	-아/어요	-(으)ㄹ까요?	-(으)ㄴ	-는	-(으)ㄹ
신다	신습니다	신으십시오	신읍시다	신었습니다	신어요	신을까요	신은	신는	신을
싫어하다	싫어합니다	싫어하십시오	싫어합시다	싫어했습니다	싫어해요	싫어할까요	싫은		
싸다	쌉니다			쌌습니다	싸요	쌀까요	싼		
씻다	씻습니다	씻으십시오	씻읍시다	씻었습니다	씻어요	씻을까요	씻은	씻는	씻을
아니다	아닙니다			아니었습니다	아니에요	아닐까요	아닌		
앉다	앉습니다	앉으십시오	앉읍시다	앉았습니다	앉아요	앉을까요	앉은	앉는	앉을
없다	없습니다			없었습니다	없어요	없을까요		없는	
연락하다	연락합니다	연락하십시오	연락합시다	연락했습니다	연락해요	연락할까요	연락한	연락하는	연락할
오다	옵니다	오십시오	옵시다	왔습니다	와요	올까요	온	오는	올
올라가다	올라갑니다	올라가십시오	올라갑시다	올라갔습니다	올라가요	올라갈까요	올라간	올라가는	올라갈
외우다	외웁니다	외우십시오	외웁시다	외웠습니다	외워요	외울까요	외운	외우는	외울
운동하다	운동합니다	운동하십시오	운동합시다	운동했습니다	운동해요	운동할까요	운동한	운동하는	운동할
웃다	웃습니다	웃으십시오	웃읍시다	웃었습니다	웃어요	웃을까요	웃은	웃는	웃을
이다	입니다			이었습니다/였습니다	이에요/예요	일까요	인		
이야기하다	이야기합니다	이야기하십시오	이야기합시다	이야기했습니다	이야기해요	이야기할까요	이야기한	이야기하는	이야기할
인사하다	인사합니다	인사하십시오	인사합시다	인사했습니다	인사해요	인사할까요	인사한	인사하는	인사할
일어나다	일어납니다	일어나십시오	일어납시다	일어났습니다	일어나요	일어날까요	일어난	일어나는	일어날
읽다	읽습니다	읽으십시오	읽읍시다	읽었습니다	읽어요	읽을까요	읽은	읽는	읽을
입다	입습니다	입으십시오	입읍시다	입었습니다	입어요	입을까요	입은	입는	입을
있다	있습니다	계십시오	있읍시다	있었습니다	있어요	있을까요		있는	

기본형	-(스)ㅂ니다	-(으)십시오	-(으)ㅂ시다	-았/었습니다	-아/어요	-(으)ㄹ까요?	-(으)ㄴ	-는	-(으)ㄹ
자다	잡니다	주무십시오	잡시다	잤습니다	자요	잘까요	잔	자는	잘
작다	작습니다			작았습니다	작아요	작을까요	작은		
잡다	잡습니다	잡으십시오	잡읍시다	잡았습니다	잡아요	잡을까요	잡은	잡는	잡을
재미없다	재미없습니다			재미없었습니다	재미없어요	재미없을까요		재미없는	
재미있다	재미있습니다			재미있었습니다	재미있어요	재미있을까요		재미있는	
적다	적습니다			적었습니다	적어요	적을까요	적은		
전화하다	전화합니다	전화하십시오	전화합시다	전화했습니다	전화해요	전화할까요	전화한	전화하는	전화할
좁다	좁습니다			좁았습니다	좁아요	좁을까요	좁은		
좋다	좋습니다			좋았습니다	좋아요	좋을까요	좋은		
좋아하다	좋아합니다	좋아하십시오	좋아합시다	좋아했습니다	좋아해요	좋아할까요	좋아한	좋아하는	좋아할
주다	줍니다	주십시오	줍시다	줬습니다	줘요	줄까요	준	주는	줄
주문하다	주문합니다	주문하십시오	주문합시다	주문했습니다	주문해요	주문할까요	주문한	주문하는	주문할
지내다	지냅니다	지내십시오	지냅시다	지냈습니다	지내요	지낼까요	지낸	지내는	지낼
지다	집니다	지십시오	집시다	졌습니다	져요	질까요	진	지는	진
지우다	지웁니다	지우십시오	지웁시다	지웠습니다	지워요	지울까요	지운	지우는	지울
질문하다	질문합니다	질문하십시오	질문합시다	질문했습니다	질문해요	질문할까요	질문한	질문하는	질문할
짧다	짧습니다			짧았습니다	짧아요	짧을까요	짧은		
찍다	찍습니다	찍으십시오	찍읍시다	찍었습니다	찍어요	찍을까요	찍은	찍는	찍을
찾다	찾습니다	찾으십시오	찾읍시다	찾았습니다	찾아요	찾을까요	찾은	찾는	찾을
출발하다	출발합니다	출발하십시오	출발합시다	출발했습니다	출발해요	출발할까요	출발한	출발하는	출발할

기본형	-(스)ㅂ니다	-(으)십시오	-(으)ㅂ시다	-았/었습니다	-아/어요	-(으)ㄹ까요?	-(으)ㄴ	-는	-(으)ㄹ
친절하다	친절합니다			친절했습니다	친절해요	친절할까요	친절한		
타다	탑니다	타십시오	탑시다	탔습니다	타요	탈까요	탄	타는	탈
튼튼하다	튼튼합니다			튼튼했습니다	튼튼해요	튼튼할까요	튼튼한		
펴다	폅니다	펴십시오	폅시다	폈습니다	펴요	펼까요	편	펴는	펼
피곤하다	피곤합니다			피곤했습니다	피곤해요	피곤할까요	피곤한		
필요하다	필요합니다			필요했습니다	필요해요	필요할까요	필요한		
하다	합니다	하십시오	합시다	했습니다	해요	할까요	한	하는	할
행복하다	행복합니다			행복했습니다	행복해요	행복할까요	행복한		

	기본형	-(스)ㅂ니다	-아/어서	-(으)세요?	-(으)니까	-(으)면	-고	-(으)ㄴ	-는	-(으)ㄹ
'—' 불규칙동사	고프다	고픕니다	고파서	고프세요	고프니까	고프면	고프고	고픈		
	기쁘다	기쁩니다	기뻐서	기쁘세요	기쁘니까	기쁘면	기쁘고	기쁜		
	끄다	끕니다	꺼서	끄세요	끄니까	끄면	끄고	끈	끄는	끌
	나쁘다	나쁩니다	나빠서	나쁘세요	나쁘니까	나쁘면	나쁘고	나쁜		
	바쁘다	바쁩니다	바빠서	바쁘세요	바쁘니까	바쁘면	바쁘고	바쁜		
	쓰다	씁니다	써서	쓰세요	쓰니까	쓰면	쓰고	쓴	쓰는	쓸
	아프다	아픕니다	아파서	아프세요	아프니까	아프면	아프고	아픈		
	예쁘다	예쁩니다	예뻐서	예쁘세요	예쁘니까	예쁘면	예쁘고	예쁜		
	크다	큽니다	커서	크세요	크니까	크면	크고	큰		
'ㄹ' 불규칙동사	걸다	겁니다	걸어서	거세요	거니까	걸면	걸고	건	거는	걸
	길다	깁니다	길어서	기세요	기니까	길면	길고	긴		
	놀다	놉니다	놀아서	노세요	노니까	놀면	놀고	논	노는	놀
	달다	답니다	달아서	다세요	다니까	달면	달고	단		
	들다	듭니다	들어서	드세요	드니까	들면	들고	든	드는	들
	만들다	만듭니다	만들어서	만드세요	만드니까	만들면	만들고	만든	만드는	만들
	멀다	멉니다	멀어서	머세요	머니까	멀면	멀고	먼		
	살다	삽니다	살아서	사세요	사니까	살면	살고	산	사는	살
	알다	압니다	알아서	아세요	아니까	알면	알고	안	아는	알
	열다	엽니다	열어서	여세요	여니까	열면	열고	연	여는	열
	팔다	팝니다	팔아서	파세요	파니까	팔면	팔고	판	파는	팔
'ㅂ' 불규칙동사	가깝다	가깝습니다	가까워서	가까우세요	가까우니까	가까우면	가깝고	가까운		
	고맙다	고맙습니다	고마워서	고마우세요	고마우니까	고마우면	고맙고	고마운		
	귀엽다	귀엽습니다	귀여워서	귀여우세요	귀여우니까	귀여우면	귀엽고	귀여운		
	덥다	덥습니다	더워서	더우세요	더우니까	더우면	덥고	더운		

	기본형	-(스)ㅂ니다	-아/어서	-(으)세요?	-(으)니까	-(으)면	-고	-(으)ㄴ	-는	-(으)ㄹ
'ㅂ'불규칙동사	맵다	맵습니다	매워서	매우세요	매우니까	매우면	맵고	매운		
	쉽다	쉽습니다	쉬워서	쉬우세요	쉬우니까	쉬우면	쉽고	쉬운		
	어렵다	어렵습니다	어려워서	어려우세요	어려우니까	어려우면	어렵고	어려운		
	즐겁다	즐겁습니다	즐거워서	즐거우세요	즐거우니까	즐거우면	즐겁고	즐거운		
	춥다	춥습니다	추워서	추우세요	추우니까	추우면	춥고	추운		
'ㄷ'불규칙동사	걷다	걷습니다	걸어서	걸으세요	걸으니까	걸으면	걷고	걸은	걷는	걸을
	듣다	듣습니다	들어서	들으세요	들으니까	들으면	듣고	들은	듣는	들을
	묻다	묻습니다	물어서	물으세요	물으니까	물으면	묻고	물은	묻는	물을
'ㄹ'불규칙동사	고르다	고릅니다	골라서	고르세요	고르니까	고르면	고르고	고른	고르는	고를
	다르다	다릅니다	달라서	다르세요	다르니까	다르면	다르고	다른		
	모르다	모릅니다	몰라서	모르세요	모르니까	모르면	모르고	모른	모르는	모를
	부르다	부릅니다	불러서	부르세요	부르니까	부르면	부르고	부른	부르는	부를
	빠르다	빠릅니다	빨라서	빠르세요	빠르니까	빠르면	빠르고	빠른		
	자르다	자릅니다	잘라서	자르세요	자르니까	자르면	자르고	자른	자르는	자를
'ㅎ'불규칙동사	그렇다	그렇습니다	그래서	그러세요	그러니까	그러면	그렇고	그런		
	까맣다	까맣습니다	까매서	까마세요	까마니까	까마면	까맣고	까만		
	노랗다	노랗습니다	노래서	노라세요	노라니까	노라면	노랗고	노란		
	빨갛다	빨갛습니다	빨개서	빨가세요	빨가니까	빨가면	빨갛고	빨간		
	어떻다	어떻습니다	어때서	어떠세요		어떠면	어떻고	어떤		
	파랗다	파랗습니다	파래서	파라세요	파라니까	파라면	파랗고	파란		
	하얗다	하얗습니다	하얘서	하야세요	하야니까	하야면	하얗고	하얀		
'ㅅ'불규칙동사	낫다	낫습니다	나아서	나으세요	나으니까	나으면	낫고	나은	낫는	나을
	붓다	붓습니다	부어서	부으세요	부으니까	부으면	붓고	부은	붓는	부을
	짓다	짓습니다	지어서	지으세요	지으니까	지으면	짓고	지은	짓는	지을